生态村官培训读本丛书

环境保护部自然生态保护司　组织编写

生态致富篇

打开“绿色财源”的金钥匙

刘晓星　编

中国环境科学出版社

湖南教育出版社

图书在版编目（CIP）数据

打开“绿色财源”的金钥匙：生态致富篇 / 刘晓星编．—北京：中国环境科学出版社，2011.7（2012.5 重印）

（生态村官培训读本丛书）

ISBN 978-7-5111-0620-9

Ⅰ．①打… Ⅱ．①刘… Ⅲ．①绿色农业－干部培训－教材 Ⅳ．① F303.4

中国版本图书馆 CIP 数据核字 (2011) 第 124200 号

丛书主编　邓延陆
本册编写　刘晓星
插图绘画　林　翠
装帧设计　林　翠

策划编辑　沈　建　黄永华
责任编辑　沈　建
责任校对　扣志红
版式设计　蔡胜强
出版发行　中国环境科学出版社
（100062　北京东城区广渠门内大街16号）
网　　址：http://www.cesp.com.cn
联系电话：010-67112765（总编室）
发行热线：010-67125803，010-67113405（传真）
印　　刷　北京市联华印刷厂
经　　销　各地新华书店
版　　次　2011年7月第一版
印　　次　2012 年 5 月第 3 次印刷
开　　本　850×1168　1 / 32
印　　张　5.25　彩插4
字　　数　105千字
定　　价　12.50元

《生态村官培训读本丛书》

编辑审核委员会

生态种植和养殖让农民致富

稻田养鱼

稻田养鸭

作物间作与套作

立体网箱养殖

太阳能蔬菜大棚种植

林间空地养殖蘑菇及木耳

林间放养鹅群

集约化立体养殖蛋鸡

从农业废弃物里淘金致富

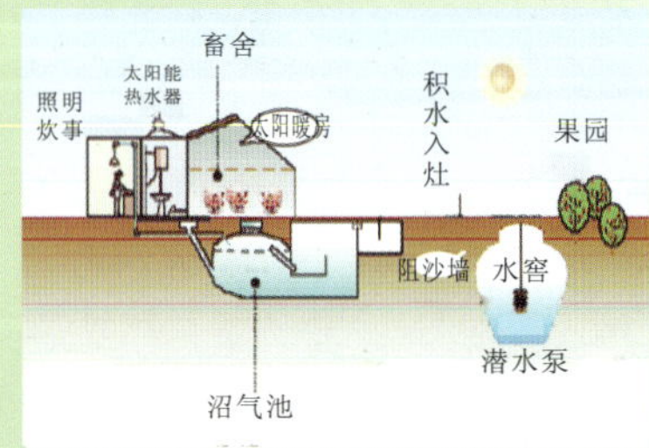

利用畜禽粪便、农作物秸秆和太阳能的沼气化农业致富模式

利用沼渣培育蘑菇等食用菌

利用沼渣和农副产品加工下脚料养殖蚯蚓

利用农作物秸秆编织手工艺品

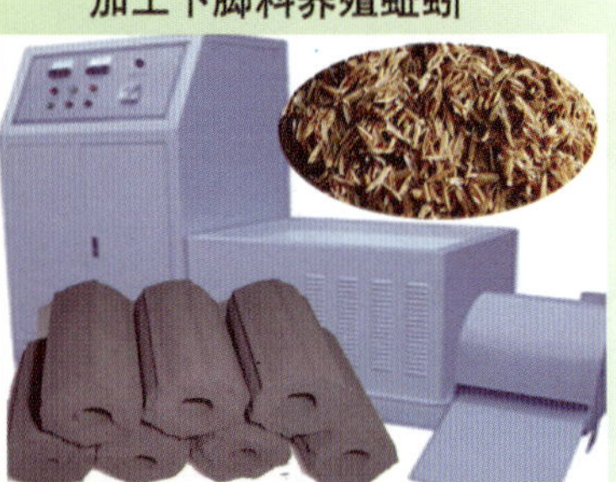

利用谷壳和农作物秸秆制取木炭

利用野藤编制成高级家具

利用谷壳和农作物秸秆制作纤维板

生态致富的新农村典型

北京市大兴区留民营村

被称为“全国生态第一村”的北京留民营村每年春节都为村民们准备的“千人饺子宴”吸引了中外游客。

广东省惠州市大良村

广东大良村利用村里的丘陵和湖泊多的优势办起了特色农业、休闲观光农业和农家乐，走上了生态致富之路。

广西靖西县旧州村

广西靖西县旧州村 300 多户有 500 多人从事绣球生产，形成了产业链，打出了文化品牌。全村仅绣球一项收入就达300 万元，旧州绣球远销欧美、东南亚以及港澳台地区。

浙江宁波韩夏村

浙江宁波韩夏村的农民通过放养、套养、改变三黄鸡的主食结构等方式，实现了生态家禽养殖致富。

浙江奉化滕头村

在原来生产粮食的土地上发展花卉苗木给滕头村带来了更多的生态经济效益。他们在村内外建立了苗圃基地1178个，村里的绿化工程队还接下了2008年北京奥运会3000万元的绿化业务。

湖北谷城刘家营村

湖北省谷城县刘家营村的农民通过信用贷款支持，利用废弃的各类杂树枝条，加工粉碎后制成无公害袋料培育香菇，走生态致富之路。

生态致富的新农村典型

湖南长沙县百里花木走廊

从20世纪80年代开始，湖南省长沙县跳马、黄兴、江背、安沙等乡镇引导农户种植花卉苗木并畅销全国，目前种植面积多达10余万亩。

河北秦皇岛市新建村

河北省秦皇岛市山海关区新建村依托生态旅游使全村的面貌焕然一新，由过去的靠炸山采石挣钱变成发展生态旅游致富。

浙江永嘉县小坑村

浙江省永嘉县巽宅镇小坑村现有山场面积5000多亩，村民大力养殖梅花鹿、林蛙、黑熊、狐狸、穿山甲、黄腹角雉、长尾雉等特种动物，为山区农民进行生态养殖闯出了路子。

宁夏中卫市的硒砂瓜

宁夏回族自治区中卫市在农村大力发展硒砂瓜产业，使得昔日蛮荒的干旱地带如今披上了绿装，当地群众也由此趟出了一条小康致富路，15万瓜农人均种瓜收入2680元。

河北唐山郭官屯村

河北省唐山市丰润区白官屯镇郭官屯村由北京引进优质萝卜品种“心里美”，种植的“翠心美”牌萝卜脆甜可口，全村萝卜种植面积达2000余亩，年收入达到900余万元。

崇明岛上的华西村

上海市崇明区绿华镇华西村地处崇明岛西部，全村大多数农户都承包了大片橘林，柑橘种植面积达到5500亩，占全村耕地总面积 84%，人均收入达到8658元。

目录

大力发展能源综合利用型的生态农业

编者的话（代序）

2009年5月，中共中央组织部、教育部、财政部、人力资源和社会保障部联合下发了《关于选聘高校毕业生到村任职工作长效机制的意见》，决定从2008年开始，连续5年共选聘10万名大学生到农村担任村官。这是党和国家的一项重大决策，对于加快社会主义新农村建设的步伐，形成具有基层工作经验的党政干部培养链，引导大学生转变就业观念，都具有非凡的重要意义。

好事总要办好。据我们对大学生的接触了解，他们对于党和国家的这项宏观战略决策非常支持和欢迎，但是目前普遍存在着一定的顾虑：在我国，每年被录取或毕业的大学生都在几百万之多，其中有相当一部分来自于城市，这部分大学生对于农村基本上不熟悉，甚至缺乏必要的了解。因此，除了在大学是学习农、林、水专业的之外，大多数大学生对于到农村当村官感到茫然：由于缺乏相关的农村和农业生产知识，他们不知道到农村后应当怎样协助村干部们带领、引导农民改变农村面貌，建设社会主义新农村。尤其是在党的十七大提出生态文明建设的战略目标之后，他们尚缺乏如何在广大农村实施生态发展战略和生态环境保护的必要的相关知识。当然，他们可以通过互联网查询与翻阅相关的图书资料来获得这方面的知识，但是繁书如海，互联网上的信息又良莠不齐，即便是“临时抱佛脚”，也需要花费相当多的时间与精力。这对于即将奔赴农村第一线的大学生村官们来说，无疑是一个难题。因此，为大学生村官们编写一套入门式、索引式的生态村官知识读本，让他们从中了解必要的农村生态文明和生态建设方面的基本知识，使大学生成为社会主义新农村的生态村官（也称“绿色村官”）和在农村落实十七大精神的主力军，是一项紧迫的、义不容辞的重要工作。

2007年，在国务院办公厅转发了《关于加强农村环境保护工作的意见》之后，环境保护部自然生态保护司和中华环境保护基金会组织编辑出版了《新农村环境保护读本》，被列为国家“农家书屋”建设工程必选的优秀图书。我们这次组织编辑出版的《生态村官培训读本丛书》，就是以《新农村环境保护读本》所涉猎的相关知识为主线，结合在我国农村工作中必然会遇到的一些重点问题，例如生物质燃料、生态(有机、立体、循环)农业、兴办村办工业的绿色门槛、如何帮助农民绿色维权、怎样保护农村生产环境和生活环境等等，分门别类地集纳成15册，并且采取“百问百答”和图解的形式使之简洁化，尽量做到全面归纳、分类指导、提纲挈领、图文并茂、通俗易懂，使村官们能够在较短的时间内，粗略地了解与基本把握到农村后可能遇到的一些问题与解决的途径；也供他们在农村任职期间遇到相关的问题时，能从这套丛书中快捷地查找到相关的资料与解决实际问题的线索。

毫无疑问，这套丛书涉猎的农村知识面很广，不少问题是党和国家实施社会主义新农村发展战略之后才凸现的，由于我们的水平和知识面有限，编写时间较为紧迫，在编写过程中难免会挂一漏万，甚至可能有错讹之处，敬请广大读者谅解与指正。这套丛书在编写时参考了大量图文资料，在此谨表示衷心感谢。对于部分作者不详的图片，希望作者直接与本丛书编写组取得联系，我们将按照出版社的图书图片利用标准支付稿酬和鸣谢。

编者

新农村建设中的绿色生产目标

001 什么是生态农业？

所谓生态农业，是指在保护、改善农业生态环境的前提下，遵循生态学、生态经济学的规律，运用系统工程方法和现代科学技术、集约化经营的农业发展模式。

生态农业要求农业发展同其资源、环境及相关产业协调发展，强调因地、因时制宜，以便合理地布局农业生产力，适应最佳生态环境，实现农业生产优质高产高效。生态农业能够合理利用和增殖农业自然资源，重视提高太阳能的利用率和生物能的转换效率，使生物与环境之间得到最优化配置，并且具有合理的农业生态经济结构，使生态与经济达到良性循环，增强抗御自然灾害的能力。

图 1　生态农业是保护农业生态环境的最好形式

生态农业建设的主要内容有以下几方面：

(1) 通过调查统计掌握生态与经济的基本情况，进行农业生态经济系统诊断和分析，进行生态农业区划和农业生态系统的工程优化设计；

(2) 调整土地利用结构和农业经济结构；

(3) 优先保护农业生态环境，建设生态工程，合理利用与增殖农业资源，改善农业生态环境；

(4) 按照生态学原理和农业生态工程方法，从当地资源与生态环境实际出发，设计与实施适宜的生态农业模式；

(5) 发展太阳能利用、小型水利水电、风力发电、沼气等清洁能源；

(6) 使农业废弃物资源化，对其进行多层次综合、循环利用，实现无污染的清洁生产；

(7) 对于农业生态经济系统进行科学调控，实行现代集约化经营管理等。

002 建设生态农业依据的原理是什么？

“生态农业”的提出与人们对农业生态系统结构、功能和调控的认识有密切的关系。建设生态农业依据的是生物与生态环境关系原理、生物种群之间相互关联原理及经济和生态经济原理。

生物与生态环境关系的原理 即生物既会受到生态环境的制约，也会对生态环境进行适应，还可能对生态环境产生重要的影响。

生物种群之间相互关联原理 即同种生物在特定的时间和地段上会形成该物种的种群。不同的种群之间可能有相互促进的关系，也可能有相互制约的关系。

生态系统的能物流原理 即在生态系统(生物与环境构成的系统)中，通过食物链关系实现能量和物质的传递和转化。在农业生态系统中，人类还投入大量不同形式的能量和物质，试图增加农业生产的产量。生态系统中的能量流动和物质流动严格遵守物质守恒和能量守恒规律。

经济和生态经济原理 即农业作为第一产业，同样也遵循有关的经济规律和生态经济原理。

003 为什么说大力发展生态农业是促进社会主义新农村建设的重要内容？

党的十七大报告将“建设生态文明”作为全面建设小康社会的新要求，明确提出要使主要污染物排放得到有效控制，生态环境质量得到明显改善，生态文明观念能够在全社会牢固树立。因此，大力发展生态农业，协调经济发展与环境之间、资源利用与保护之间的关系，形成生态与经济的良性循环，实现农业的可持续发展，既是促进社会主义新农村建设的重要内容，又有利于农业生态环境的根本改善。具体来说，大力发展生态农业，可以在社会主义新农村建设方面获得以下显著成效：

能够提高农业综合生产能力 生态农业以土地为基础、以沼气为纽带，形成以农带牧、以牧促沼（气）、以沼（气化）促果、果牧结合的配套发展和良性循环体系，这样可以实现净化环境、减少病虫害、减少投资、增产增收增效。

能够加强科技创新，提高农产品市场竞争力 科技是农业可持续发展的动力源泉，农业高新技术的推广应用，能使农业增长从单纯靠资源和环境转移到依靠科技进步和提高劳动者素质的轨道上来。

能够促进农业可持续发展 生态农业建设与推进农业结构调整相结合，积极稳妥地调整农业生产结构，形成合理的农林牧渔全面发展的大农业，使各业之间相互支持、相互依存、相得益彰。

能够与创新经营机制相结合 发展农业产前、产后的延伸产业，积极招商引资，扶持龙头企业，强化龙头企业与农民的利益连接机制，可以形成种养加、农工贸相配套的农业产业化体系，提高农业产业化水平。生态农业建设与创新投入机制相结合，探索建立政府引导、市场化运作、多元化投资的投入机制，发挥财政资金“四两拨千斤”的作用。

能够与生态旅游开发相结合 有条件的农村可以整合农业旅游资源，积极发展生态观光农业，增加群体效益。

004 为什么说生态农业建设符合我国传统农业的生产习惯？

在我国传统劳动密集的自给型经济条件下，间套、复种普遍，种植业和养殖业关系密切，农林牧副渔业之间的联系广泛，其中在不少传统农业方式中就蕴藏着朴素的生态合理性。

例如，早在古代，我国珠江三角洲地区农民创造的“桑基鱼塘”模式就十分符合生态农业的原理，被联合国粮农组织作为最简便易行的生态农业模式在世界各地的发展中国家推广。20 世纪 70 年代，我国农村的主要增产措施是实行粮、豆轮作，混种牧草，混合放牧，增施有机肥，采用生物防治，实行少、免耕，减少化肥、农药、机械的投入等。从 20 世纪 80 年代起，全国各地农村因地制宜地创造了许多具有明显增产增收效益的生态农业模式，例如稻田养鱼养萍及林粮、林果、林药间作的主体农业模式，农林牧结合、粮桑渔结合、种养加结合等复合生态系统模式，鸡粪喂猪、猪粪喂鱼等有机废物多级综合利用的模式等。生态农业的生产以资源的永续利用和生态环境保护为重要前提，根据生物与环境相协调适应、物种优化组合、能量物质高效率运转、输入输出平衡等原理，运用系统工程方法，依靠现代科学技术和社会经济信息的输入组织生产。通过食物链网络化、农业废弃物资源化，充分发挥资源潜力和物种多样性优势，建立起良性的物质循环体系，促进农业持续稳定地发展，实现经济、社会、生态效益的统一。

005 生态农业与我国的传统农业生产有哪些异同？

生态农业是一个高效的人工生态系统，是把农业生产、农村经济发展和生态环境治理与保护、资源培育和高效利用融为一体的新型综合农业体系。它以协调人与自然关系，促进农业和农村经济社会可持续发展为目标，以“整体、协调、循环、再生”为基本原则，以继承和发扬传统农业技术精华并吸收现代农业科技为技术特点，强调农林牧副渔大系统的结构优化，把农业可持续发展的战略目标与农户微观经营、农民脱贫致富结合起来，从而建立一个不同层次、不同专业和不同产业部门之间全面协作的综合管理体系。

图 2 生态农业是一个高效的人工生态系统

生态农业与狭义农业的区别在于：

从生产内容上讲，生态农业不局限于传统种植业，而是农、林、牧、副、渔多种经营，全面发展；

从生产地域上讲，生态农业不局限于传统农业的粮食生产，而是因地制宜、因时制宜地科学安排农业生产。

006 为什么说大力发展生态农业建设是帮助村民增产增收的最佳选择？

从社会效益上看，生态农业建设与农民脱贫致富目标相统一。生态农业尊重自然规律，更多地发掘自然的力量，重视建立农业生态系统的生态平衡，力求取得最佳的经济效益、社会效益和生态效益。与此同时，生态农业以农业增产、农民增收、农村发展为目标，形成农业配套发展和良性循环体系，使太阳光资源和各种天然生物资源得到最大限度的充分利用和农业废弃物资源的综合利用，在减少农业投入的前提下获得更好、更多的收益。例如，生态农业中的稻田养鱼、养萍和林粮、林果、林药间作的主体农业模式，能够使有限的土地资源得到双倍乃至多倍的重复利用，使单位土地面积上的多品种产量和收益成倍增加；又如，生态农业中的农作物秸秆综合利用模式，可以使昔日的农业废弃物变废为宝，转化成可观的经济收益。因此，生态农业是帮助村民增产增收的一种最佳选择。

007　为什么说生态农业建设有助于防治农业源污染、促进农村环境保护？

在诸多的生态环境问题中，农业自身造成的面源污染尤其不容忽视。目前，按照播种面积计算，我国化肥的年使用量远远超过发达国家为了防止化肥对于水体造成污染而设置的 225kg/hm^2 的安全上限。化肥的平均利用率仅为 40%左右。一些农村的化肥过量施用，使氮素过剩，流入湖泊和水库，加剧了水体的富营养化。另一方面，农药除了 30% ~ 40%被作物吸收外，大部分进入了水体、土壤及农产品中，使全国 933.3 万 hm^2 耕地遭受了不同程度的农药残留污染，部分地区生产的蔬菜、水果中的硝酸盐、农药和重金属等有害物质残留量超标，威胁了人们的身体健康。

农业源污染问题涉及整个农业生产和农村千家万户，具有广泛性、分散性和隐蔽性，治理难度较大。而生态农业倡导自然养护地力，鼓励采取科学耕作和利用自然资源(例如天敌)防治病虫害，从而大大减少农业生产对于化肥、农药的依赖性和使用量，有助于从源头上减少农药、化肥对于农业生态环境的面源污染危害。因此，各地农村要把治理农业源污染提到议事日程，树立“发展生态农业，防治面源污染”的长期思想，认真摸清村里的农业源污染状况，查明主要原因，有针对性地提出防治面源污染的措施和管理机制，并且因地制宜地搞好防治规划，开展试点示范。同时，村里还可以结合国家的“无公害食品行动”计划，针对部分农产品农药、亚硝酸盐、重金属等超标问题，切实加强农药、化肥、植物激素等污染源的综合治理，从严格农药登记管理入手，调整农药产品结构，逐步淘汰高毒、高残留农药产品。村里要依托农业科技推广站，重点规范施肥技术，大力推广普及配方施肥技术，提高化肥利用率，减轻化肥超量施用对于水体、土壤和农产品的污染。一切有条件的农村都应当因地制宜地大力发展有机农业和绿色食品、有机农产品的生产，从而在保证村民增产增收的基础上减少农业面源污染危害。

008 生态农业靠什么能够让农民群众增产致富？

说到底，生态农业就是运用生态学的原理，引导村民合理地利用和增殖农业自然资源，重视提高太阳能的利用率和生物能的转换效率，使生物与环境之间得到最优化配置，并且建立合理的农业生态经济结构，使生态与经济达到良性循环，既增强了农业生产抵御自然灾害的能力，又让广大农民群众通过发展生态农业增收致富。

例如，在农田耕作方面推行科学间作、利用秸秆还田、绿肥回田，既可以充分利用地力，又可以结合农业生产培育地力，从而大大节省农业生产的成本费用。

又如，在农牧业方面，鼓励村民和养殖大户通过建造沼气池形成畜禽粪便的循环利用，实现畜禽粪便等农业废弃物的循环利用。

在农产品加工方面推行立体开发、综合利用。例如，把农作物秸秆制成生物质燃料、轻质建材等，利用农作物秸秆和牛粪培育蘑菇等食用菌，通过循环利用有机废物达到“变废为宝”、增加收益的目的。

图 3　发展生态农业的目的之一，就是让村民增产致富

009 生态农业仅仅是简单的农村种植业和养殖业生产模式吗？

按照生态学的生物组织层次来定义生态农业，生态农业不仅包括简单的农村种植业和养殖业模式，还包括以下几种目前常见的模式：

一、个体层面的动植物品种选择——品种搭配模式

村里可以选择适应当地自然条件、特别是适应当地主要逆境条件的动植物品种。例如，在高产、优质的同时，还需要注意抗旱、抗寒、耐高温、抗浸、抗盐碱、抗酸、抗病虫害品种的选择和搭配。

二、生态系统层面的农业生态系统的能量物质流联结——循环模式

即实现农业生态系统水平的能量和物质的流动方式。简单地说，就是通过生态农业的循环模式实现农业领域的循环利用。

三、群落层面的生物种群垂直结构——立体模式

即在一个生物群落中通过安置生态位互补的生物，来提高农田、林地、水体的生态资源利用率，从而减少生态资源的损失和浪费。

四、种群层次的生物链关系安排——食物链模式

即充分利用各初级生产者（例如农作物等植物群落）、次级生产者（例如食草动物等）、分解者（例如微生物等）种群之间的食物链关系。例如，在有害生物综合防治方面，很多时候特别需要利用取食、寄生、捕食等食物链关系来防治生态系统中的有害生物。在出现污染危害的时候，为了阻断污染物的食物链浓缩，有时需要打断食物链联系。

五、景观层次的农业平面布局——景观模式

例如，通过对村里的风景区、生活休闲区、工业加工区、各农业生产项目等进行合理的平面布局，形成以生态观光农业为主的特色农业发展模式。

由此可见，生态农业与传统的农村种植业和养殖业模式相比较，具有更加广泛的发展内涵和更加广阔的发展前景。

010　什么叫克服逆境的生态农业模式?

在生态农业建设中，经常需要面对农业生产的“生态环境逆境”。例如，北方农村的缺水和风沙；黄淮海平原和河套地区的土壤盐碱、早春和晚秋的低温；华南沿海的台风和土壤的酸、瘦，山地丘陵的水土流失等。在工业发达区域经常还会遇到污染土壤的问题。面对农业生态环境的逆境，一方面是对大的生态环境进行改造，例如实行退耕还林还草、控制放牧强度、引水灌溉“压碱洗咸”等；另一方面，要因地制宜地在当地的农业生态系统中探索建立一些有效模式，也能够很好地解决农业生产中的逆境问题。

011　为什么说大力发展生态农业是我国农业实现可持续发展的迫切需要?

处于经济高速发展阶段的中国，目前面临着诸如人均资源严重不足、部分地区环境日益恶化、农民收入相对较低等问题，制约了社会经济的进一步发展。生态农业着眼于把经济效益和生态效益结合起来，注重全面规划、因地制宜，促进农、林、牧、副、渔等各业全面发展，强调充分合理利用“大农业”系统内部的资源、能源，并且注重废物的循环利用和以生物防治为主的病虫害综合防治。

生态农业在农业发展目标上，认识到农业不仅需要满足人们衣食住行对于农产品的需求，还需要满足农业生产在经济上盈利的需要以及关注农业对于资源、环境和生态的巨大影响。也就是说，生态农业不仅需要充分发挥其社会效益和经济效益，而且特别需要注重其生态环境效益。

“可持续发展”是人们认识到工业化社会的不可持续性发展以后，进一步反思生态环境效益的产物。尽管在“可持续发展”的定义中包括了社会、经济和生态的可持续发展，但其中最重要的起因就是资源、生态和环境的可持续问题。农业可持续发展的概念是由国际社会的“可持续发展”概念延伸而来的。因此，生态农业在战略发展思路上与农业可持续发展基本上是一致的，生态农业是一种“效益高、污染少”的农业生态系统，既可以为人类创造出更多的优质产品，又能够为人类提供优美的生活环境。适应我国当前农业生产的生态发展要求，已经成为我国农业可持续发展的迫切需要。

012 目前我国生态农业建设存在哪些问题？

近几年来，我国的生态农业建设进展较快，成效较为显著，促进了我国农业和农村经济的稳定、持续的发展，但是不可否认，我国的生态农业建设中仍然存在一些问题，这些问题制约着我国生态农业的进一步发展。

我国生态农业建设存在的问题主要表现在以下几个方面：

一、生态农业的理论基础尚不完备

生态农业是一项复杂的系统工程，需要包括农学、生态学、经济学在内的多种学科的支持。我国目前对于生态农业各要素之间的相互作用的研究还不够深透。因此，完善生态农业的理论基础需要进一步从系统的、综合的角度深入研究，特别是要素之间的耦合规律、结构的优化设计、科学的分类体系、客观的评价方法等方面。

二、生态农业的技术体系还不健全

在一个生态农业系统中，往往包含了多种组成要素，其间具有非常复杂的关系。例如，为了在鱼塘中饲养鸭子，就要考虑鸭子的饲养数量，而鸭子的数量将受到水的交换速度、水塘容积、水体质量、鱼的品种类型和数量、水温、鸭子的大小等众多条件的制约。在通常情况下，村民没有足够的理论知识和经验对于这一复合生态系统进行科学的设计，而是简单地照搬其他地区的经验，因而往往并不能取得成功。目前在生态农业的实践中，还缺乏技术措施的研究，既包括如何发展传统技术的问题，也包括如何引进高新技术的问题。

三、政策措施有待加强

如果没有政府的支持，就不可能使生态农业得到真正的普及和发展。政府的支持，最重要的就是建立有效的政策激励机制与保障体系。虽然目前中国农村经济改革是非常成功的，但是对于生态农业政策的贯彻，还有许多值得完善的地方。例如，

在某些地方，由于政策的缺失，农民没有对土地、水等农业资源进行有效的保护等。

四、生态农业的服务水平和能力建设较弱

对于生态农业的发展，服务与技术是同等重要的。但是，目前我国尚未建立有效的服务体系。在某些地方，村民无法获取优质品种、幼苗、肥料、技术支撑、信贷与信息服务等。县级农业部门没有配备基本的监测检测设备，无法实施一些农业的常规检测。此外，农村劳动力素质和基层干部群众的生态环境意识有待于进一步的提高，应当在重视对农民培训的同时，注重农村干部的培养。

五、农业生产的产业化水平不高

发展生态农业的根本目的是实现生态效益、经济效益和社会效益的统一。目前，我国生态农业的实际情况还不能满足这一需求。在许多农村地区，仅仅依靠种植业的发展是难以获得比较高的经济收益的。生态农业的发展有很多有待解决的问题，其中，农业产业化无疑是一个重要的方面。通过在生态农业中延长产业链、提高农业产业化水平可以实现农民的增产增收。

我国农业的生产组织与科技推广体系正处在不断更新变革之中，农产品的市场运作体系也在不断完善，生态农业进一步深入研究与发展的基础在巩固和加强。我国生态农业的发展将与农业、农村、农民问题同步解决，生态农业的发展能够有效地促进整个社会的可持续发展与循环经济体系的建设，促进社会的生态文明建设。

积极创造生态农业系统建设的基本条件

013 发展生态农业需要创造和具备哪些基本条件？

农业生态系统是在一个区域中通过能量流动和物质循环，把生物及其环境联系起来，是以农业生物(例如农作物、果树、牧草、畜禽以及土壤微生物、害虫天敌等)为核心、受到人类的调节控制、以农业生产为主要目标的系统。因地制宜的生态农业模式不仅能促进农业生产发展，同时能改善农村与农业生态环境，对于建设社会主义新农村具有重要意义。发展生态农业的基本条件，具体来说有以下几个方面：

一、良好的资源环境条件

良好的资源环境条件是发展生态农业的首要的必备条件。我国地域辽阔，自然资源和经济文化资源十分丰富，尤其是生物资源种类繁多。不同地区的气候、作物、地貌特征、资源等的差异性较大，可以发展多种不同的生态类型，广大农村可以从当地的实际情况出发，开创各具特色的现代生态农业模式。例如，东部地区具有发展生态农业的技术、人才、资金等优势；而西部广大农村地区受环境污染的程度相对较低，具有发展生

态农业的自然资源、环境等方面的优势。东西部地区结合起来发展生态农业基地，可以实现优势资源的互补。同时，我国广大农村地区还具有丰富的自然景观与人文景观资源，可以充分挖掘这方面资源潜力开发生态观光旅游农业，拓展现代生态农业的内涵和发展空间。

二、发展生态农业的丰富经验

现代生态农业的研究与实践开始于20世纪80年代初，至今已积累了近20年的试点经验，并且总结出“整体、协调、循环、再生”的生态农业系统的发展模式，这些都为今后生态农业建设奠定了坚实的基础。例如，在中国沙漠化较为严重的一些北方地区，当地农民逐渐探索出“农、林、草间作”、“林、粮间作”等生态农业模式，林木具有防风固沙、涵养水源、防止水土流失和美化环境的功能，经济效益和生态环境效益都得到明显提高；在黄河三角洲土地盐碱化严重的地区，农民开创了“枣、粮间作”、“上农、下渔”的生态农业模式，不仅有利于改良盐碱地，而且能够为作物生长创造良好的生态环境；我国南方地区的多种鱼类混养和“桑基鱼塘”等生态农业建设成效显著。我国现代生态农业建设的步伐正在逐渐加快，一批生态户、生态村、生态乡、生态县、生态市、生态省如雨后春笋般在全国兴起，全国范围内已经建立不同类型和不同级别的生态农业试点2 000多个。20世纪90年代中期，我国启动了第一批51个生态农业试点县；在总结阶段性成果经验的基础上，2000年又启动了第二批51个生态农业县建设。目前，我国现代生态农业已经初具规模，覆盖面积超过了10%，现代生态农业必将成为今后中国农业现代化建设、实现农业可持续发展和建设生态文明的理性选择。

三、发展现代生态农业的成熟技术

从国内生态农业技术发展来看，我国的农民经过几千年的农业实践积累，已经具有了丰富的精耕细作、间作套种、生物链等传统生态农业技术。我国发展现代生态农业也有20多年的历史，新型农业技术逐步成熟并且形成了现代生态农业体系。该体系包括退耕还林还草与水土流失的治理技术、节水农业与旱作农业技术、沙地农业与雨养农业技术、资源与能量循环利用技术、种养相结合与生物链综合技术、平衡施肥与秸秆还田技术、发展生物肥料、农药与利用生物防治病虫害技术、农林牧渔结合的立体农业技术等。农业部重点推广的农业技术，大部分属于生态农业技术，这些为我国发展现代生态农业提供了技术支持。从外部条件来看，国外有大量的现代生态农业建设的先进技术可以借鉴，例如欧盟、美国、日本等国家和地区开始进行有机农业和现代生态农业建设的时间比较早，并且积累了不少宝贵经验，开发了大量相关的新技术、新工艺和新品种，加强与这些国家和地区的技术交流与合作，可以更好地为我国生态农业发展提供技术支撑。

014 为什么说生态农业系统的建设必须“以人为本”，动员和组织广大农民群众积极参与？

生态农业尤其适应于我国当前农户分散经营的组织形式。目前，我国生态农业建设仍然处于小规模和分散经营的状态，无论是北方的“上粮下渔”生产模式，还是南方的“桑基鱼塘”生产模式，以及众多的中小型生态农场，大多是由农户或者乡村举办和经营的，生态农业经营规模小、灵活分散的特点在一定程度上适应了我国农村土地承包经营状况。同时，在生态农业发展的初始阶段由于突然停止使用化肥、化学农药，农作物的产量可能会有所下降，但是随着生态农业基础设施的完善、土壤的改良、益虫数量的增多，农作物的产量会稳定地提高。生态农业减少了对价格昂贵的化学投入品的依赖，生态农产品市场价格一般高于普通同类农产品，所以，从长远来看，生态农业具有较高的经济效益，我国发展现代生态农业所带来的经济、生态环境和社会等综合效益显著，对于我国广大农民群众具有一定的吸引力。

图 4　要让村民切实感受到自己才是生态农业发展的最大受惠者

发展生态农业除了要依靠政府的引导与扶持，更为重要的是动员和组织村民参与到生态农业系统的建设活动中来。只有使村民真正意识到发展生态农业是与自己的切身利益紧密相连的，而不是城里人搞的“噱头”，村民才会全身心地投入生态农业系统的建设中。让村民积极参与生态农业的各个环节，并且切实地感受到，自己才是生态农业发展的最大受惠者。坚持以“以人为本”的指导原则建立生态农业系统，应当以农村基层干部、乡镇企业管理人员和种养大户为重点，对于高效生态农业的有关知识进行培训宣传，使发展高效生态农业成为企业和农民群众的共识，促成全社会关心、支持和积极参与保护生态环境、建设高效生态农业的良好氛围。

015　怎样结合村里的实际情况组织制定生态农业建设与发展规划？

我国生态农业发展的关键是投入要合理，要顾及生态环境效益，对于一些投入少的地方还需要增加投入，以便与输出匹配。我国的生态农业建设，需要重点采取的措施包括区域生态规划、系统循环设计、生物多样性和资源节约型技术运用等。

区域生态规划　是在土地利用方式和农业布局方面，为可持续发展提供一个基础。区域生态规划需要解决区域生态环境安全的安排、区域的资源供求平衡、区域的农业生产布局和区域的环境优化美化。这既是地方政府或者大型农场需要做的生态农业建设的基础性工作，也是以一个村的范围为一个区域需要做的生态农业建设的基础性工作。

循环体系设计 主要针对当地农业生态资源可能被浪费的问题，提出行之有效的循环利用模式，并且做出合理的设计方案并付诸实施。

保持生物多样性 为了增加对于自然调控过程的利用，减少对于人工调控的依赖，在生态农业中提倡多利用生物之间的关系、生物与环境的关系。在长期自然进化和人工驯化过程中，多样性丰富的生物是生态农业利用的重要对象。

资源节约 在生态农业中，资源节约与循环利用同等重要。在有限的自然资源下，为了满足社会对于农产品的需求，唯一的方法就是提高对于农业资源的利用效率。在不同的区域和不同的发展阶段，制约发展的农业资源不一样。例如，在少雨、干旱地区的农村，农业节水技术是关键。在能源紧缺的今天，节能技术显得十分重要。

016 如何因地制宜地设计和选用生态农业模式？

进行生态农业模式设计时，应当因地制宜，明确设计的层次。例如，从市、县一级的大行政区域到村一级的小行政区域，从大流域到小流域，从全村到某一块农田，分别属于不同的组织层次。

大的区域和流域更需要重视整体的生态区划和生态景观模式选用。

在中等规模的区域(例如乡镇)与农场、村里，需要同时通过注重生态景观规划、循环体系设计和食物链模式的运用。

在农田层面，则应当重视立体模式和品种搭配模式的选用。

根据农业生产的区域化原理，在生态农业进行空间布局时，需要注意结合当地的自然条件和社会经济条件，选择最适宜的生产项目。在进行循环设计过程中，需要注意生态系统的能流和物流平衡和食物链关系。在农场、村里和农田层面研究生态农业模式的时候，需要特别注意自然界生物之间、生物与环境之间相互关系的充分利用。

017 什么叫二元产业构成的生态农业模式？

生态农业是一个农业生态经济的复合系统，它将农业生态系统同农业经济系统综合起来，以取得最大的生态经济的整体效益。我国常见的生态农业基本生产模式主要包括一元产业构成的生态农业模式、二元产业构成的生态农业模式和多元产业构成的生态农业模式。其中，一元产业构成的生态农业模式即仅在作物、林木、畜禽或者水产生物内组合形成的模式；二元产业结合的生态农业模式主要是通过两个产业间系统功能的耦合，来提高单一产业中闲置资源的高效利用，实现单一产业中废弃物的资源化，从而提高系统的整体功能和效益。

二元产业构成的生态农业模式，主要指把种植业、畜牧业、渔业、林业、农产品加工业等单一产业有机地结合起来，通过内部组分、结构和功能的调整而组合成的“两两结合”的经营模式，主要包括农牧结合、农林结合、林牧结合、林渔结合、农产品加工与养殖业结合等生态农业模式。例如，作物—林木、作物—禽畜、作物—水产、林木—禽畜、林木—水产、禽畜—水产构成的生态农业模式等。

018 什么叫多元产业构成的生态农业模式？

产业结构涵盖农、林、牧、副、渔的农业，是从自然生态系统继承下来的一个被人工驯化了的有机整体。在我国长期的农业生产实践中，形成了许多由农、林、牧、副、渔等不同部门产业构成的复合生态农业模式。多元产业构成的复合生态农业模式，是产业层次上的时空配置与整合，这类生态农业模式除了具有更大尺度的生态功能外，还表现出明显的经济功能和社会功能。

多元产业构成的复合生态农业模式，是实现农业产业化和发展农业循环经济的重要载体。多元产业复合生态农业模式根据生态学的食物链原理、物质与能量多级利用原理以及产业生态学与循环经济学的相关原理，将三个或者三个以上的农业产业链接、整合，形成一个结构功能多元化的农业产业生态体系。从广义上来讲，多元产业复合生态农业模式还包括农业与第二产业、第三产业之间的对接与整合的产业生态模式。多元产业复合生态农业生产的目标是实现经济效益、生态效益和社会效益的有机统一。

019 我国常见的生态农业基本生产模式主要有哪些？

我国目前常见的生态农业的生产经营模式主要有以下几种：

一、空间协调模式

根据不同的自然环境和社会条件，按照农产品的适应性，把农、林、牧、渔各业的生产在平面或者立体空间上，进行合理的搭配和科学布局，使资源在平面和立体方向上实现最大化，充分利用空气、光能、生物种群等，优化农业生态环境。空间协调模式又可以分为空间种植模式、空间养殖模式和空间种养模式三种模式。

1. 空间种植模式　空间种植模式是利用农作物之间的互利共生，建立空间的多层次结构，例如农作物间作、套作和轮作模式，包括粮食间套复种、粮油间套复种、粮—蔬菜模式、棉—油菜模式、瓜—菜—粮模式、农—果模式等。

图 5　空间种植模式是立体种植农业生产模式

2. 空间养殖模式　空间养殖模式是指在一定的空间内养殖动物的层次配置结构，常见的空间养殖模式主要有：陆地立体圈养模式（例如鸡舍上层、猪舍下层、鱼池底层）组合、水体立体养殖模式（例如鸭上层、鱼下层、珠蚌底层）组合。

陆地立体圈养模式　　水体立体养殖模式

图6　空间养殖模式是立体养殖农业生产模式

3. 空间种养模式　空间种养模式是指在一定的空间内按一定的配置方式栽培植物与养殖动物，例如稻—鱼共生组合、稻—鸭共育模式等。

图7　空间种养结合模式中的稻鱼共生（左）、稻鸭共育（右）

二、时间利用模式

即根据各种资源、农作物和动物生长的时间规律，采用栽培措施和工程技术等手段，合理利用时间组合和季节更迭，以实现生产项目的合理搭配，从而获得综合效益最大化的一类生态农业生产模式。

1. 时间结合模式　把不同农作物或者同类作物的不同品种，按照不同农作物或者同类作物的各自不同的生长时间来进行科学合理的搭配，以减少土地的空闲时间，使之多季节、多次地生产出产品。例如菜—早稻—晚稻、麦—早稻—菜、油菜—早稻—晚稻等。

2. 时间轮换模式　对于同一块田按照一定的顺序，在年内或者年间轮换种植不同的作物，以达到恢复地力、防治病、虫、草害的目的。例如，水旱轮作（两旱一水或者两水一旱），粮食作物、经济作物和饲料作物轮作等模式。

3. 人工季节调控模式　利用农产品供应的季节差，通过人工环境控制的手段，营造满足作物（动物）生长发育所需要的客观条件。一方面能够增加农业生产的产量；另一方面，在自然条件不适宜的条件下，能够保障市场的供应。例如，塑料大棚、地膜覆盖、人工温室等种养措施。

太阳能温室塑料大棚

地膜覆盖

图 8　通过人工环境控制手段的人工季节调控生态农业生产模式

三、物质能量循环模式

是指按照生物链和能量链的流动而建立的生产模式。物质能量循环模式根据生态学原理，在一个由生产者、消费者、分解者构成的生产体系内，充分利用生物之间、生物与自然界之间存在的相互依存和相互影响的关系，运用系统内外的能量资源，推动包括农业废弃物在内的各种物质和能量的经济转化，以实现农业生产的增值。

1. 种植业内部链式循环　是指在作物及食用菌等生产体系中物质的多向循环利用。例如，大田作物秸秆、棉籽壳等用作培养食用菌的原料，食用菌产后菌渣和培养床的废弃物再作为肥料施到农田中。

图 9　利用秸秆、棉籽壳等培养食用菌

2. 养殖业内部链式循环　是指利用畜禽粪便作为其他畜禽、渔业养殖的饲料或者营养材料，实现物质利用的良性循环。例如，猪—蛆（蝇）—鸡—牛—鱼循环模式。

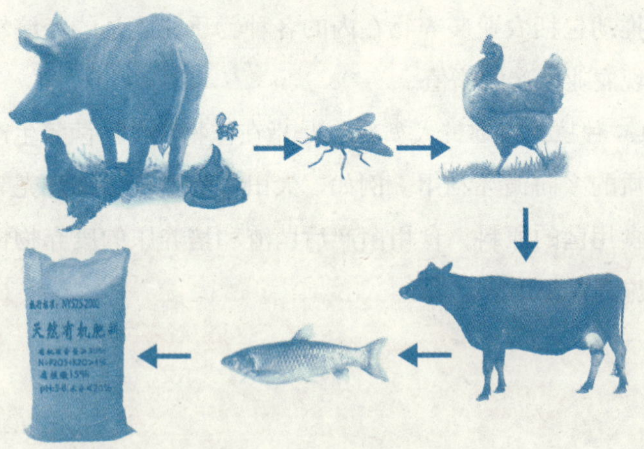

图 10　猪—蛆（蝇）—鸡—牛—鱼循环的生态农业养殖模式示意图

3. 种养业结合链式循环　是指在种植业和养殖业之间物质的多向循环利用。常见的模式有：畜禽—鱼—作物（食用菌）循环、禽—畜—鱼—果（菜、饲料作物等）循环。

4. 种、养、沼三者结合的链式循环　利用沼气的厌氧发酵等功能，连接种养环节，既能够产生能源（沼气），又能够实现废弃物的资源化利用。常见的模式有：畜禽—沼气—鱼（作物）等。

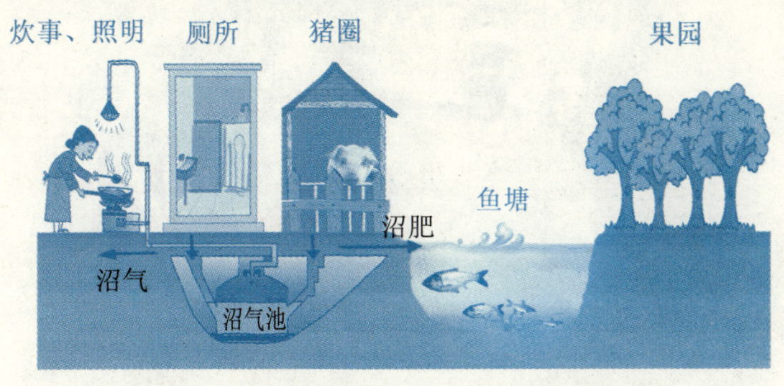

图 11　畜禽—沼气—鱼（作物）三者结合的链式循环生态农业生产模式示意图

四、功能拓展模式

在农产品市场约束日趋严重的情况下，农业在生产粮食等大宗农产品、满足社会食品需求的同时，还具有涵养水源、防止洪涝灾害、消纳有机废弃物、净化空气、提供绿色景观等的功能。目前，农业功能拓展主要是依托原有的现代农业园区、高效生态农业基地等自然优美的乡野风景、舒适怡人的清新气候、环保生态的绿色空间、历史悠久的农业文化，兴建休闲、娱乐设施，开发“农家乐”游乐活动，提供科普教育、度假、休憩、游乐、就餐、住宿等服务，提供亲近自然、感受农村气息、体验古老文明的休闲观光场所。

图 12　近年来兴起的“农家乐”生态农业观光模式

生态农业的生产经营模式的划分并不是绝对的，在实践中，农业的生产经营模式也不是单一的，而是以某种模式为主导，兼含其他一种或者几种模式，以实现优势互补，达到资源利用的最优化、效益的最大化。各地应当根据自然状况、技术经济发展水平，从当地的实际出发，实施有效的生态农业生产经营模式。

020 怎样引导和帮助村民因地制宜地发展单一种植业生态农业？

单一种植业就是单纯地种植农作物及经济作物(例如蔬菜、甘蔗、果树、烟草、橡胶树等)的农业生产模式。对于单一的种植业来说，生态农业的设计应当遵循近期效益与长远效益相结合、时空结构相结合、合理的种群结构和物质的多层次利用、注意种群之间的相生相克关系以及充分发挥种间互补作用、充分发挥边缘效应等的原则，因地制宜地采用间作、套作与轮作等各种种植方式，达到充分合理利用当地资源的目的。

间作 是在同一田地上于同一生长期内，分行或者分带相间地种植两种或者两种以上作物的种植方式。间套作有利于充分利用土地和气候资源，提高土壤的复种指数，增加生物总产量，并且可以争取农时，有利于蔬菜等多品种的均衡供应。例如，玉米与大豆间作可以增加总产量；小麦与棉花间作可以减少病虫害。此外，常见的间作方式还有玉米与甘薯、玉米与棉花、小麦与蔬菜、芝麻与甘薯等的间作。

图 13　间（套）作种植模式有利于提高土壤的复种指数，增加生物总产量

套作　是指在前季作物生长后的株行间播种或者移栽后季作物的种植方式。将不同物种的不同生长的时期安排在同一地块上，按照其生长特点嵌合在一起，有利于充分利用土壤、养分等资源，增加产出。例如，在华北地区，冬小麦套作玉米、花生、棉花等，可以充分利用小麦收获后的光温资源，还可以解决小麦、玉米一年两熟所需要的积温和光照不足的矛盾，达到两茬作物互相兼顾，高产稳定。

轮作　是指在同一块田地上有顺序地轮换种植不同作物的种植方式。根据地形、土壤、水利等条件，在一定的区域内安排不同的作物类型、大小不等的轮作，使之相互协调组成体系。通过不同作物的轮作换茬，可以更新地力，实现用养结合，减少病、虫、草害的危害影响。不同作物对于土壤的养分具有不同的要求和吸收能力。例如，谷类作物对于氮、磷和硅的吸收较多，豆科作物对于钙、磷和氮的吸收较多，吸收硅比较少，烟草、薯类消耗钾则较多。因此，不同类型的作物轮换种植可以全面而均衡地利用土壤中各种营养元素，充分发挥土壤的生产潜力。

021 怎样引导和帮助村民因地制宜地发展以养殖业为主的生态农业？

在养殖业内部通过品种的适当搭配，例如在草场上实行混养、轮牧；鱼塘实行分层养殖，可以提高资源的利用效率。利用粪便作为培养基来培养蚯蚓、蝇蛆等蛋白质饲料，作为饲养动物的饲料，也是一个提高物质循环利用效率的方法。

在鱼塘养鸭，是很多水乡传统的水禽养殖的方式。但是水禽数量与水体的养分容纳量之间需要取得平衡，否则很容易产生水体污染的不良后果。不过，直接利用动物粪便作为其他动物饲料的做法是不值得提倡的。这是因为禽畜粪便可能带有大量的病原体，容易导致交叉传染；另外，一些家畜的饲料可能带有兽药残留，对于其他家畜和家禽可能产生不利的影响。因此，动物粪便通过堆肥高温发酵或者经过沼气厌氧发酵后再在种植业中加以利用的做法比较安全。

发展以养殖业为主的生态农业主要有以下几种方式：

分层立体养殖 为了充分利用空间、节约棚圈材料并且综合利用废弃物而设计的分层立体养殖。例如，一些种猪场利用育肥猪舍的上层空间来笼养鸡，鸡粪落入猪舍食槽直接喂猪，或者将鸡粪收起发酵后拌入饲料中作为猪的饲料。猪粪则可以汇入沼气池进行发酵用来产沼气，产生的沼气用于发电，用沼渣水浇灌温室和塑料大棚的蔬菜，最后将养鱼池的肥水灌溉水稻。

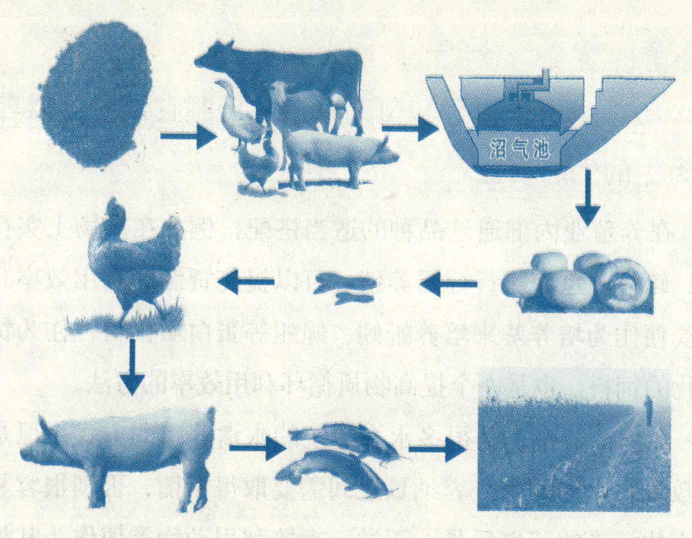

图 14　立体养殖模式能够实现物质的循环利用，促进生态系统的良性循环

畜禽鱼综合养殖模式　主要是利用发酵后的禽粪作为养鱼的肥料和饲料；而干禽粪则是鱼辅助饲料的重要组成部分。

动物的轮养、套养　即在我国北方的草原地区，根据不同种类的畜群的采食物性进行轮牧。例如，牛对于牧草要求高大、多汁，而马、羊采食的草种类广泛，并且善于采食短草、再生草、干草等，采用先放牧牛，然后再放牧羊或者马。这种养殖方式可以充分利用饲草资源，提高草地载畜量。

牛—鸡—猪—鱼循环模式 牛、猪、鸡、鱼综合饲养，是指利用牛粪喂鸡、鸡粪发酵后喂猪、猪粪发酵后喂鱼的生态模式。通过采用牛—鸡—猪—鱼循环模式，可以实现物质的循环利用，促进生态系统的良性循环。

022 如何因地制宜地选择生态农业技术？

传统的农业生产技术体系主要分为种植业的栽培技术和养殖业的饲养技术。作为生态农业使用的主要技术体系，除了吸收了传统的农业生产技术之外，还应该包含以下两类：

资源节约型技术 主要是能够提高对于农业生产投入的水分、能源、养分等资源的利用率，减少秸秆、粪便、污水、垃圾等副产物的浪费，控制农业点源和面源污染。

生物多样性利用技术 即通过充分利用生物之间的关系来满足养分供应和有害生物控制，减少对于化肥、农药、兽药和激素的过度依赖。

023 生态农业技术对传统农业技术进行了哪些吸收和改造？

传统农业和生态农业尽管规模、效率不同，但是却又有很多共同之处。传统农业的资源制约是由于社会生产力低下引起，生态农业的外部资源制约却是由于社会生产过度发达引起，两种形态的农业都受到农业生产资源的制约。

尽管传统农业对于自然的尊崇是由于生产力低下，不得已而为之；生态农业与自然协调的思想却是与生产力滥用而受到自然无情报复有关。两种形态的农业都十分注意人与自然关系的调整。

尽管传统农业由于还没有农业工业化（也称为“石油农业”、“化学农业”），所以没有使用化肥、农药、合成激素等农用化学品；生态农业却是在认识了化肥、农药、合成激素等农用化学品的副作用危害后，准备逐步减少或者放弃使用。两种形态的农业都是在不依赖化肥、农药、合成激素等农用化学品的条件下开展农业生产。

传统农业存在于社会经济变化相对缓慢的条件下，因此有关实践经历了长时间的筛选，适宜于长期地持续实施。生态农业则由于领受了仅百余年的石油农业所带来的问题，也正在追求一种能够长期持续发展的途径。

大力发展物质循环综合利用型的生态种植类农业

024 我国传统的农业生产模式存在着哪些弊端？

我国的传统农业经历了原始农业、工业化农业(也称为“石油农业”、“化学农业”)、生态农业几个大的历史发展阶段。其中，工业化农业是在机械、化肥、农药、合成激素等农用化学品、水利和良种的支撑下发展起来的。工业化农业极大地提高了劳动生产率和土地生产力，解放了大批劳动力，进一步促进了工业和服务业的发展。工业化农业发展了约100年，传统农业在进入工业化农业阶段之后，在提高了劳动生产率和土地生产力的同时，也造成了农业的不可持续发展，甚至给人类未来的生存与发展带来不可忽视的威胁。这种现代农业形式所产生的资源、环境和生态问题逐步突出：

传统农业带来的资源问题 主要涉及石油、煤、磷矿等不可再生资源的大量消耗，也涉及大规模机械操作以后所产生的森林过度砍伐、草原过度放牧、渔场过度捕捞问题。

传统农业带来的环境污染问题 主要涉及化肥、农药、合成激素等农用化学品的大量使用对于农业生态环境所造成的污染，还涉及食品安全和畜牧业对于环境的污染问题等。

传统农业带来的生态问题　主要是森林、草原和渔业等生物资源减少，推广作物和家畜优良品种加速了农家品种消失、农业的生物多样性基础下降，还有水土流失、沙尘暴等生态问题。

人们终于认识到生态农业的可持续性等优越性，为了保持农业的可持续发展，开始进入生态农业的建设与发展阶段。

025　在我国传统的农业生产模式中有哪些现代化农业值得借鉴和发扬的经验？

中国农业是世界上最古老的发源地之一，而且农业文明一直没有中断过。在悠久的农业文明中，中国的农业社会经济曾经长期领先于世界，而且留下了众多宝贵的农业文化遗产。这些农业文明的遗产又明显不同于西方以游牧和畜牧业为基础发展起来的农业文明。中华文明比较善于做整体和系统的思维，注重人与自然的关系的调整，辩证地看待事物，关注天、地、人的协调。就农业层面来说，中国传统农业有很多值得我们至今感到自豪的宝贵遗产。例如，由于长时期分散的农业实践，通过各地的驯化和选育，产生了多种多样的农家地方品种。据统计，目前已经收集到的作物遗传资源就有 30 多万份，家禽和家畜品种超过 2 000 个。通过巧妙地利用这些农业生物的轮间套作、有机肥的施用和循环农业体系的建立，实现了地力常新和生物多样性。此外，我国历来高度重视对于农业耕作经验的总结整理，中国历史上的农书浩如烟海，例如约 2 000 年前两汉时我国就有了最早的农书《氾胜之书》与《四民月令》；北朝时，贾思勰的《齐民要术》是中国现存最早、最完整的农书；此外还有宋朝时农学家陈旉的《农书》，元世祖时向全国颁发的《农桑辑要》，明后期徐光启的《农政全书》等，这些古代农书建立了一个比较完整的农学体系。在这些农学著作中所记载的农业耕作经验、农田病虫害生物防治经验等，迄今仍是包括生态农业在内的现代农业所沿袭与借鉴的。

026 我国最古老的生态农业生产模式“桑基鱼塘”为什么如今成为第三世界各国发展农业生产的效仿模式？

“桑基鱼塘”是广东省珠江三角洲一种独具地方特色的农业生产形式。因其生产上形成良性的循环而出名。

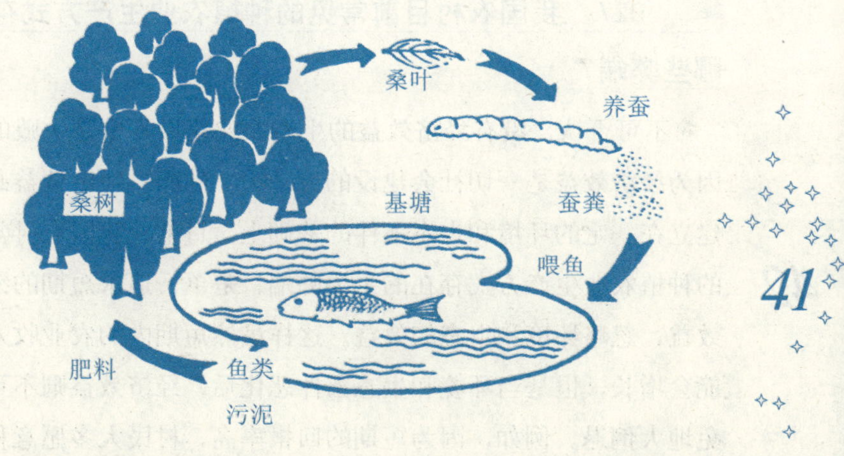

图 15　我国古代延续迄今的“桑基鱼塘”模式符合生态农业的原理

珠江三角洲由东、西、北三江汇合冲积而成，地处北回归线以南，全年气候温和，雨量充沛，日照时间长，土壤肥沃，是盛产蚕桑、塘鱼、甘蔗的重要基地。三角洲内河网密布，交通便利，自然条件优越。由于珠江三角洲地势低洼，常闹洪涝灾害，严重威胁着人民的生活和生产活动。当地农民根据地区特点，因地制宜地在一些低洼的地方，把低洼的土地挖深为塘，饲养淡水鱼；将泥土堆砌在鱼塘四周成塘基，可减轻水患；在塘基上栽植桑树，用桑叶养蚕、蚕沙喂鱼，把鱼塘的淤泥挖出来，作为桑树的肥料。这种“桑基”的修筑可谓一举数得，实现了农业生产物质的内部循环利用，最大限度地利用了农业生产资源。正由于“桑基鱼塘”模式简单易行，循环农业的效果显著，因而被联合国粮农组织推荐，成为第三世界各国发展农业生产的效仿模式。

027 我国农村目前常见的种植农业生产方式存在哪些弊端？

不可否认，没有经济效益的生态农业建设肯定是失败的，因为经济效益是一切社会建设的原动力。然而，经济效益必须建立在一定的环境和生态条件的基础上。目前，我国农村常见的种植农业生产方式存在的主要弊端，是单一追求短期的经济效益，忽略环境和生态的效益。这样虽然短期内的农业收入可能会增长，但是当环境和生态条件恶化后，经济效益则不可避免地大倒退。例如，因为短期的回报率高，村民大多愿意种植经济作物。但是种植单一经济作物，土壤（特别是表土）的养

分会快速消失，容易导致肥力退化、土质变差等问题。当这些农业生态问题出现时，最后受到损失的还是村民自身。相反来说，如果经营者能够多注重环境和生态的效益，虽然短期内的经济效益可能较低，但是随着农业生产环境和生态条件得到改善，环境和生态的效益便能够转化成经济效益，不仅总体经济效益会大大提高，而且经济增长的动力也得以维持并且持续发展下去。例如，种植树木，虽然短期内的直接经济价值低，但是却能够有效改善土质，增加土壤肥力，减少水土流失，保证农产品能够维持稳定的产量。

因此，在以种植业为主的农村为了克服这些弊端，应当在具体规划上使作物的结构和布局合理，要兼顾到长期效益项目和短期效益项目的配合问题，做到以短养长，长短结合。为了解决温饱问题，当然要优先考虑发展一些有即时效果的项目，但是在实施这些项目的同时，应当以不损害现有的农业生态环境为底线和原则，并且积极安排具有中、长期效益的项目，实行优化的土地利用，为农村的持续发展打下稳固基础。

028　为什么说应当引导和教育村民转变传统农业经济发展的观念，在农村大力发展以生态农业为代表的农业生态文明生产方式？

生态农业建设能否成功，除了取决于本身设计的优劣外，村民的接受程度更是关键所在。长久以来，村民最关心的问题一直是如何能够在短期内解决温饱和改善生活，注重于见实效；

另一方面，村民往往是“耳听为虚，眼见为实”，同样是注重实效的一种表现。因此，村民是否愿意接受生态农业建设，往往是从短期的经济效益出发，看看能否及时地为他们增加收入。因此，村里要通过多种形式的宣传教育和观摩交流，培育典型、现身说法，使村民放弃短视的眼光，让他们懂得运用一些合乎生态农业原理的耕作方式与技术。

图 16　结合村里的实际情况建立示范户是发展生态农业的有效方式

在村里建立生态农业示范区（点）是一种有效的方法。通过示范区（点）可以使村民直接看到新的生态农业系统对于提高生产和改善生活水平的潜力。此外，当地政府和有条件的村努力增加生态农业建设投入的资源或者补贴，也有助村民、农户发展一些具有长期效益的项目。当这些项目成熟的时候，长期效益出来了，村民一定会大力支持这些项目并且贯彻下去。

029 多样性种植农业具有什么样的结构形式和优越性？

丰富的生物多样性是传统农业体系的一个显著特点，特别是在多样性种植以及农、林混作模式下的植物生物多样性。我国传统农业的长期生产实践经验表明，通过多样性种植以及作物混（间）作的方式来降低风险，这种策略可使农业生产更好地适应天气、气候异常变化，以及抵御病虫害的不利影响；同时，即便是农业生产资源有限而且技术水平较低，从长期来看仍然可以稳定产量、促进粮食种植的多样性，并且最大限度地带来回报。在这种生物多样性丰富的农业生产系统里，有营养丰富的植物、害虫天敌、传粉者、固氮及氮分解菌，以及对于生态系统功能有益的其他生物体。通过建立具有综合功能的生物多样性系统（也就是将在生态农业系统中起关键作用的有机体结合到一起），有可能促进协同作用，例如增强土壤生物活性、促进营养物质循环利用、加强病虫害抑制，从而提高农业产量。这些多样性的种植农业的结构形式和优越性，主要体现在以下几个方面：

一是通过对作物进行纵向和横向的布局，在时间和空间上将不同的物种和结构多样性结合起来。更高的植物、微生物以及动物的生物多样性，能够有助于作物的生产和存储，并且在合理的范围内对营养物质的循环起到调控作用。

二是能够充分地利用各种微环境。在这样的微环境中，每一块农田或者每一个地区都具有不同的土壤、水、温度、海拔高度、坡度和肥力特征。

三是通过有效的回收手段，实现原料和废弃物的循环再利用。

四是依靠生物之间的相互依存关系，实现一定程度的病虫害抑制。

五是充分依靠当地资源以及人类和动物的粪便，较少地依赖现代技术。依靠当地的作物品种，并且引入野生动植物。产品通常仅供当地消费。

030 在生态农业中实施多样性种植业互动发展的模式给农民和农业生产带来多大的好处？

所谓“种植业的多样性互动发展模式”，是指在农业种植的品种、生产措施与技术上杜绝单一性，而采取多样性选择，并且通过农业生产的多样性相互作用、相辅相成,实现互动发展。

农业生产在很大程度上是“靠天吃饭”，一旦遇到洪涝干旱等极端气候事件或者大规模的病虫灾害等环境灾难时，导致农作物减产乃至绝收，会给农业生产带来很大的损失。我国许多地区的农民在农业生产实践中，更多地通过选择当地耐旱品种、储水、集中种植、间作套种、农林间作、适时除草、野生植物采集和其他一系列传统农业技术，增强了农业对于自然灾害的抵御能力，最大限度地减少农业生产损失。

图 17　种植业的多样性互动发展是生态农业的特点之一

根据对过去 20 年中，农业在经历极端气候事件后的表现所进行的观察，气候灾害的影响与农业生物多样性的水平密切相关。例如，适当地变换种植种类，就可以减轻土壤养分的片面消耗；间作、轮作则有利于对地力、阳光、二氧化碳的全面利用，也有助于减轻天灾对农业生产的打击；选择抗旱型作物种植，有利于在大旱之年仍然可能会获得农业增产、农民增收；多样化种植还有利于阻断多种病虫害的大面积扩散。因此，生态农业倡导的多样化种植是依靠自然界内部自我调节、适应的能力，保障农业生产能力的最佳选择。

031 在生态农业中实施种植业和畜牧、水产养殖业互动发展的模式给农民和农业生产带来多大的好处？

在生态农业中实施种植业和畜牧、水产养殖业互动发展的模式，是指让种植业和养殖业相互适应与协调，使养殖业的规模和种类与种植业所能够提供的饲料相适应，种植业生产又适应于养殖业发展的需要，根据农业生产系统内的种植业与养殖业的各自的特点和资源优势，结合社会需求和畜牧业发展优化内部产业结构，并且进行合理的布局。

图 18　种植业和畜牧、水产养殖业互动发展的模式使农业资源得到有效利用

这种模式主要是通过调整和优化传统的种植业系统，利用种植业系统的闲置农业资源。例如，土地资源、气候资源等以及农业生产系统中的废弃物，可以来生产养殖业的畜禽、鱼虾、

贝类所需的饲料或者饵料。例如，通过作物结构的调整，或者利用农田的休闲期，在传统的种植业系统中引入牧草或者青饲料种植，发展草食性畜牧业或者水产养殖业。在我国南方地区，可以充分利用冬闲田的光热资源，种植优质牧草例如黑麦草等，发展稻（草）—鹅（鸭）复合的生态农业模式，以及种草养鱼的复合农业模式。各地农村还可以通过利用种植业的废弃物，例如作物秸秆进行过腹还田，发展草食性畜禽等。在我国北方及黄淮流域等玉米的主产区，以玉米青贮饲料为主体的奶牛、肉牛以及羊群饲养的农牧结合模式非常普遍。

这种模式主要是一些大中型畜禽养殖场为了实现养殖废弃物（如畜禽粪便等）的资源化，同时降低养殖成本，减少对于环境的污染，将种植业尤其是饲草生产纳入养殖业系统之中的做法。例如，大中型奶牛场可以将废弃物肥料化，用来种植牧草；大中型养猪场或者集约化养鱼场可以把产生的大量高养分含量的废水排入农田系统，从而增加了有机肥料，减少了化肥的施用。

由此可见，通过发展种植业和畜牧、水产养殖业互动发展的模式，可以更好地扩展畜牧业的饲料来源，也能够为农田提供更多的优质有机肥，而且能够减少畜牧养殖对于环境的污染，大幅度地提高养分资源和能源利用效率。

032 为什么说涵养和保护好水源是建设和发展生态农业的基础？

农业灌溉水源是农业生产的命脉。涵养水源，改善水文状况、调节区域水分循环，防止河流、湖泊、水库淤塞，以及保护可饮用水水源等措施，对于调节地面径流，防止洪涝、干旱灾害，合理开发、利用水资源具有重要的意义。

一、能够调节地面径流，削减河川汛期的径流量

一般在降雨强度超过土壤渗透速度时，即使土壤未达到饱和状态，也会因为降雨来不及渗透而产生地面径流；而当土壤达到饱和状态后，其渗透速度降低，即使降雨强度不大，也会形成地面径流。地面径流过大，是造成水土流失的重要成因之一，而通过涵养水源措施，可以有效地调节径流，减少水土流失。

二、调节地下径流，增加河川枯水期的径流量

我国受亚洲太平洋季风的影响，雨季和旱季的降水量悬殊，因而河川径流有明显的丰水期和枯水期。但是在水源涵养好的流域，河川丰水期的径流量占 30% ~ 50%，枯水期的径流量也可占到 20%左右。其主要原因，就是大量的降水能够渗透到土壤层或者岩层中，并且形成地下径流。在一般情况下，地面径流只要几十分钟至几小时即可进入河川，而地下径流则需要几天、几十天甚至更长的时间才能够缓缓地进入河川，因此可以使河川的径流量在年内分配比较均匀，提高了水资源的利用系数。

三、有效地减少径流的泥沙含量，防止水库、湖泊淤积

在河川径流中，泥沙含量的多少与水土流失的程度有着极

为密切的关系。通过大力栽植水源林来涵养水源，一方面对于坡面径流具有分散、阻滞和过滤等作用；另一方面其庞大的根系层对于土壤有网结、固持作用。在合理布局的情况下，水源林还能够吸收由林外进入林内的地面径流，并且把泥沙沉积在林区。

033　怎样引导和帮助村民因地制宜地采取涵养和保护水源的措施？

涵养和保护水源的措施主要包括：营造和保护水源涵养林，严禁乱砍滥伐；植树造林，种草，绿化荒山、荒坡、荒地；工程措施和生物措施相结合进行小流域治理；严禁陡坡开荒，防止水土流失；乡镇建设应当采取有利于雨水渗入地下的工程措施和生物措施等。其中，村里组织村民大力栽植水源涵养林，是我国农村涵养和保护水源最主要的基本措施之一。

图 19　结合村里的实际情况组织村民大力栽植水源涵养林

水源涵养林是指以调节、改善水源流量和水质的一种防护林，也称为“水源林”。其营造技术包括树种选择、林地配置、经营管理等以下内容：

树种选择和混交 在适地、适树原则的指导下，水源涵养林的造林树种应当具备根量多、根域广、林冠层郁闭度高（复层林比单层林好）、林内枯枝落叶丰富等特点，因此最好营造针阔混交林。其中除了主要树种外，要考虑合适的伴生树种和灌木，以形成混交复层林结构。与此同时，要选择一定比例的深根性树种，以加强土壤的固持能力。在立地条件差的地方，可以考虑以对于土壤具有改良作用的豆科树种作先锋树种；在条件好的地方，则要用速生树种作为主要造林树种。

林地配置和造林整地 在不同气候条件下采取不同的配置方法。例如，在降水量多、洪水危害大的河流上游，宜在整个水源地区全面营造水源林。在因为融雪造成洪水灾害的水源地区，水源林只宜在分水岭和山坡的上部配置，使山坡下半部处于裸露状态，这样春天下半部的积雪会首先融化流走，上半部林内的积雪再融化就不致造成洪灾。为了增加整个流域的水资源总量，一般不宜在干旱半干旱地区的坡脚和沟谷中造林，因为这些部位的森林能把汇集到沟谷中的水分重新蒸腾到大气中去，减少径流量。总之，水源涵养林要因时、因地、因害设置。水源林的造林整地方法与其他林种无重大区别。在我国南方低山丘陵区降雨量大，要在造林整地时采用竹节沟整地造林；西北黄土区降雨量少，一般采取梯田整地造林；华北石山区则宜采用水平条整地造林。在有条件的水源地区，也可以采用封山

育林或者飞机播种造林等方式。

经营管理 水源林在幼林阶段要特别注意封禁，保护好林内土地的植被覆盖物层，以促进养分循环和改善表层土壤结构，利于微生物、土壤动物（例如蚯蚓）的繁殖，尽快地发挥森林的水源涵养作用。当水源林达到成熟年龄后，要严禁大面积皆伐，一般应当进行弱度择伐。重要的水源区则要禁止任何方式的采伐。

034 为什么说涵养土壤、增加农田有机肥力是建设和发展生态农业的基础？

土壤被称为自然界的“万物之母”，作物产量的形成有40%～80%的养分来自于土壤，但是也不能把土壤看做是一个取之不尽、用之不竭的“养分库”。依靠施肥，可以把被作物吸收的养分“归还”土壤，确保土壤肥力。

土壤肥力是土壤的本质特征。土壤中几乎含有作物所需的所有营养元素，但是只有其中一小部分即溶解在土壤溶液中的营养元素才能够被作物吸收利用。土壤为作物的正常生长提供并且协调水、肥、气、热条件的能力，这就叫做“土壤肥力”。在配方施肥中，首先要了解土壤的供肥能力，但是由于土壤肥力是土壤物理、化学、生物和环境因素的综合表现，目前还无法用确切的数量指标来表达土壤的肥力水平，更不能用其中一个或者几个因子的数量来概括土壤肥力，所以通常把作物种植在不施任何肥料的土壤上所得的产量，即“空白产量”，作为土壤肥力的综合指标。一般来说，土地的“空白产量”高，说明土壤供肥能力强，肥力高；反之，土壤供肥能力弱，肥力低。

有机质是土壤的重要组成部分，主要由未分解、半分解的动植物残体，以及腐殖质组成。尽管有机质只占土壤总重量的很小一部分，但却是体现土壤肥力水平的重要标志之一。土壤有机质中含有作物所需的氮、磷、钾、微量元素等各种养分，并且随着土壤中的有机质的逐步分解，这些养分可以不断地释放出来，供作物生长所需。此外，有机质分解产生的有机酸还能够促进土壤和化肥中的矿物质养分的溶解。有机肥料施入土壤后，有机质能有效地改善土壤理化状况和生物特性，熟化土壤，增强土壤的保肥供肥能力和缓冲能力，改善土壤的透水性、蓄水性、通气性、保肥性和作物根系生长环境，进而提高土壤肥力，改善土壤耕性，为作物的生长制造良好的土壤条件。因此，增加土壤中的有机质，是涵养土壤、增加农田有机肥力的最根本性的措施。而要增加土壤中的有机质，主要通过向农田里多施有机肥料来达到目的。

有机肥料含有丰富的有机物和各种营养元素，为农作物提供营养。有机肥腐解后，为土壤微生物活动提供能量和养料，促进微生物活动，加速有机质分解，产生的活性物质等能够促进作物的生长和提高农产品的品质。不过，有机肥含有养分多但相对含量低，释放缓慢，而化肥的单位养分含量高，成分少，释放快。两者合理配合施用，相互补充，有利于作物吸收，从而提高肥料的利用率。

035 怎样引导和帮助村民因地制宜地发展有机肥料的生产和施用？

在农业生产实践中，通常采用施用有机肥以提高土壤的有机质含量。针对有机质含量偏低的土壤，施用有机肥既能够保持土壤良好的结构，又能够不断供给作物生长需要的养分。主要的有机肥源包括：作物秸秆、绿肥、粪肥、厩肥、堆肥、沤肥等。通过套种有机绿肥（例如紫云英、黄花苜蓿等）、经济绿肥（例如蚕豆、豌豆、黑麦草等），以及水稻、大麦、小麦、油菜、竹屑等农作物秸秆直接“还田”或者“还地”，或者施用商品有机肥和有机生物肥料等方法，均能够有效地提高土壤的有机质水平。

当前，在我国农村逐步推广以“测土配方施肥技术”为主的科学施肥方法，以调节和解决作物需肥与土壤供肥之间的矛盾，而有机肥含有氮、磷、钾和微量元素，在培肥、改土方面有着化肥不可替代的作用，增施有机肥料可以增加土壤有机质含量，改善土壤理化性状，提高土壤保水保肥供肥能力，提高化肥利用率。因此，实施“测土配方施肥”必须以有机肥料为基础。

此外，随着畜禽养殖规模化发展，一家一户的畜禽养殖和利用畜禽粪便沤制的有机肥已基本断档，因此村里一方面要加大规模养殖场畜禽排泄物的无害化处理和资源化利用，对于沼液、沼渣进行集中发酵处理，通过管道、滴管用于经济作物，也可直接制成商品有机肥；另一方面，则要动员和组织村民广积肥源，包括种植冬季绿肥、稻（麦）草还田、稻（菜）鸭（鸡）生态共育等，同时通过冬耕晒垡、水旱轮作等方式培肥改良土壤。

036 怎样结合生态农业建设引导村民不要砍伐山林、破坏草原、开山采矿、乱挖中草药及捕杀、贩卖、食用受国家保护的野生动植物？

砍伐山林、破坏草原、开山采矿、乱挖中草药以及捕杀、贩卖、食用受国家保护的野生动植物等急功近利的行为，都是我国农村的陈规陋习，会直接或者间接地导致农业生态环境的破坏与恶化，最终受害者还是村民自身。因此，乡镇、村里要结合开展全国环境优美乡镇、国家级生态村创建活动，制定包括保护农业生态环境在内的村规民约和环境宣传教育设施，大力加强对于村民的生态文明意识和行为的宣传教育，同时规定村民不要砍伐山林、破坏草原、开山采矿、乱挖中草药及捕杀、贩卖、食用受国家保护的野生动植物，大力倡导生态文明。

在对村民进行文明、生态宣传教育时，可以因地制宜，用正反典型事例进行生动的宣传教育，则效果更加好一些。

037 怎样引导和帮助村民在有限的土地上通过生态农业创造更多的财富？

由于资源条件的先天不足、巨大的人口压力以及资源开发利用率低这一客观现实，迫切要求走一条资源节约型的生态农业发展之路。不论是从增加和聚集环境生物量，还是从遏制环境退化方面讲，提高土地利用率和发展生态农业具有重要的意义。尤其是对于田少人多、农田资源紧张的村来说，引导和帮助村民充分利用土地资源，发展生态农业，可以提高农业资源的生产效率，节约资源成本，提高资源投入产出比，增加农产品供应量和产出水平，提高农产品附加值，因而也有助于提高农业经济效益和农民收入。通过发展生态农业，可以提高基本农田单位面积的粮食生产水平，保证村民在有限的土地上获得较多的经济收入。具体地说，村里可以从以下几个方面入手。

一、合理地调整各种作物种植比例

村里要引导和帮助村民根据生物与环境协同进化的原理，针对本村的区域特点，因地制宜地提倡宜林则林、宜草则草、农牧结合、种养结合。例如，在丘陵地区可以发展甘草、枸杞、红花等中药材生产基地；围绕草业生产可以建立以苜蓿为中心的牧草生产、加工、销售基地；并且同时建设以牛、羊为主要畜种，以毛、绒、肉、奶为主要加工商品的草地畜牧业生产基地等。在村里也可以推广秸秆青贮氨化养殖、“畜—沼—果（菜）”等生态循环模式，促进农业资源的综合利用，形成新的农牧业生产力和竞争力。

图 20　结合村里的实际情况合理调整
各种作物种植品种与比例能让村民增收

二、加强对农业污染源的控制及合理利用资源

村里可以引导和帮助村民开发有机物质多层次利用技术，一是畜禽粪便综合利用（例如利用粪便发酵制沼气），提供无偿能源；二是提高农作物秸秆综合利用率。而作物秸秆综合利用的一个重要途径就是要大力推广“舍饲”养殖业。

三、加快示范推广生态技术防治病、虫、草害等

例如，利用轮作、间（混）作等种植方式和利用动物、微生物防治病、虫、草害，减少环境污染，保护农业生态环境和农产品生态安全等。

038　怎样引导和帮助村民因地制宜地发展立体化生态种植农业，增加有限土地的收益率？

立体化种植生态农业是根据不同作物的不同特性，例如，高秆与矮秆、富光与耐荫、早熟与晚熟、深根与浅根、豆科与禾本科等，利用它们在生长过程中的时空差，合理地实行科学的间种、套种、混种、复种、轮种等配套种植，从而形成多种作物、多层次、多时序的立体交叉种植结构，使多种作物达到互利共生的目的，合理利用了土地资源，获得了较高的经济效益与生态效益。常见的有以下各种类型和模式，各地农村可以结合村里的具体情况，引导和帮助村民因地制宜地选择适宜的立体种植生态农业模式。

农作物进行间作、套种或者轮作的立体种植模式　例如，粮食作物与棉花、粮食作物与油菜、粮食作物与蔬菜等，都可以根据当地的土质、日照、季节气候等自然资源条件，进行间作、套种或者轮作。

林业经济作物的立体种植模式　例如，茶树与果树、用材林与橡胶树、茶树等，都可以因为其高矮、采光等对于自然环境的要求不同，而进行合理搭配，在有限的林地上建立起立体林业。

林、粮间作的立体种植模式　即在每块农田耕地的边缘和中间以适当间距栽种防风沙涵养林，充分利用土地资源和日照等。例如，泡桐树与旱粮作物、水杉与水稻、果树与旱粮作物、果树之间栽种蔬菜等。

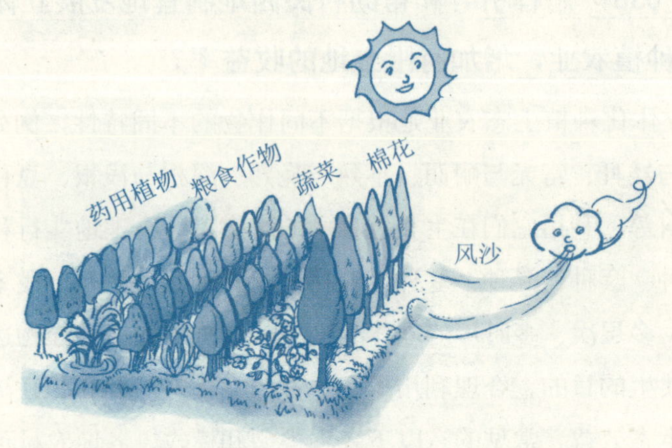

图 21 林木之间的空地可以套种粮食作物、蔬菜、棉花等

林、药间作的立体种植模式 即在林木、果树之间或林下栽培药用植物，利用大多数药用植物喜阴怕晒的生长特性，让林木或果树为其提供遮阴和潮润的生态小环境，达到互利共生的目的。

林、菌或粮、菌间作的立体种植模式 即在林木或果树下栽培食用菌，或者在高秆农作物的下面栽培食用菌，充分利用农业生产空间增收。

粮、肥间的立体种植模式 即我国许多农村地区业已普遍推广的粮食作物与绿肥作物的互利共生结构。

庭院立体种植模式 在我国许多农村地区，千百年来早已普及这种模式，即充分利用农家庭院、房前屋后乃至墙壁、屋顶，分别种植树木、果树、蔬菜、攀附型植物（例如葡萄、黄瓜、丝瓜、葫芦）等，既美化绿化了农家庭院，又充分利用了闲地资源。

图 22　立体种植是发展生态农业的有效方式

立体种植业生态模式的设计原则，要遵循近期与远期效益相结合，经济效益、生态效益与社会效益相结合，时空结构相结合及合理的种群结构和物质的多层次利用原则。尤其要注意各种群之间的相生相克关系，充分发挥种间互补作用。例如，在作物复合群落中，不同作物的高矮、株形、叶形、需光特征及生育期等各不相同，将它们合理地搭配在一起，就可能充分利用空间和时间，取得较好的经济效益和生态效益。同时，在实施物种或品种搭配时，应当充分利用生物之间的相生作用，而尽量避免相克关系，使人工建造的复合群落在空间上互补，在时间上合理匹配。

039 为什么说引导和帮助村民退耕还林（还湖、还草）有利于发展生态农业？

近几十年来，我国广大农村地区一度出现大规模的毁林造田、开荒造田、填湖造田等破坏农业生态环境的不当农业生产行为，虽然在一定程度上增加了可耕地面积和粮食产量，但是由于森林植被、草地被大面积毁坏，水土流失、水源枯竭、自然灾害频繁发生，湖面的锐减也使湖泊的调洪蓄洪能力大为降低，洪涝灾害频繁发生。退耕还林、还草、还湖并非是夺去农业生产的“命根子”，而是给农业生态环境的改善、农业生产的可持续发展和广大农民群众带来了诸多好处。

一、改善与恢复了被破坏的农业生态环境，增强了抵御自然灾害的能力

退耕还林、还草的举措增加了森林和草地植被，在调节气候、涵养水源、保持水土、抵御风沙侵蚀等方面都大见成效。由于森林和草地发达的根系能起到过滤水质、吸附污染物的功能，地下水的水质明显提高，为附近农村地区提供了安全、健康的饮用水源。森林和草地植被在保持水土、抵御风沙、减少水土流失等方面的成效，在退耕还林、退耕还草的地区更是显而易见。

退耕还湖增加了湖泊的水面面积和容量，使昔日因填湖造田而日趋萎缩的湖泊重现生机，湖泊蓄水和调节洪水的能力得到加强，一般的洪、涝、渍等水灾却能够被增加了库容的湖泊等水体所消纳、化解，湖区抵御自然灾害的能力自然也大为加强。

二、改善了农村生活环境状况和广大农民群众的生活质量

退耕还林、还湖、还草增加了绿化植被，不但为村庄增加了绿色，而且提供了更多的氧气和清洁的饮用水源，增加了吸附、消纳污染物的能力，阻挡住了风沙对于村落和农田的侵袭，从而使农村生活环境状况得到明显改善，广大农民群众的日常生活质量也由此得到提高。

三、发展了农、副、渔、牧业的农村综合经济，提高了农业综合收益

退耕还林、还湖、还草之后，虽说农田的面积有所减少，但是山林、草原、湖塘的面积增加了，生物品种逐渐恢复多样化，为农、副、渔、牧业全面发展奠定了良好的基础，促使农村综合经济得到更好更快地发展。例如，茂密的山林、成片的草地除了给农民带来明显的生态效益之外，可以作为天然无公害食品的山野菜、水果等林产品、人工林的木材等，以及畜牧养殖业的发展，都能为农村经济的综合发展创造新的契机。而湖塘面积和容量加大，为发展渔业养殖生产和芦苇、莲藕、菱角等水生植物的开发利用也创建了良好的条件。

大力发展综合养殖类的生态农业

040 为什么说立体式综合养殖是生态养殖业的最佳选择模式？

通俗地说，立体养殖型生态农业就是在养殖业内部通过品种的适当搭配，或者在草场实行混养、轮牧，在鱼塘实行分层养殖，以及利用畜禽粪便作为培养基培养蚯蚓、蝇蛆等蛋白质饲料作为饲养动物的饲料等。例如，在鱼塘养鸭就是很多水乡传统的水禽生产方式。立体养殖型生态农业生产系统一般可以分为三种类型，即陆地型立体圈养类型、水体立体养殖类型、立体种养综合类型。

陆地型立体圈养类型 即在畜禽养殖时，尽可能地考虑到养殖场空间充分利用和饲料全方位综合利用、畜禽粪便多元化利用等。例如，把养殖场建成多层楼式建筑物，形成鸡舍(上层)—猪舍（中层）—鱼池（底层）。

水体立体养殖类型 即在水产养殖时，尽可能地充分考虑到水体空间和营养、溶解氧的合理利用，使不同鱼类等水产养殖动物按照各自的生活习性和需求设计出来的一类空间合理配

置模式。常见的组合有：鲢鱼（上层）—草鱼（中层）—青鱼（底层）；鸭（上层）—鱼（中层与底层）—珠蚌（底层）；鱼（上层）—鳖（底层）等。

立体种养综合类型　即在一定的空间内，把栽培植物与养殖动物按照食物链关系及生物之间的共生互利关系，而合理配置的立体种植与养殖有机结合的生产结构。例如，鱼、畜、禽、草（菜）有机结合养殖法，是把畜、禽、水产养殖与饲草种植结合在一起，用无公害商品饲料饲养畜、禽、鱼，池埂、边坡种饲草用来饲养鱼类和禽畜，畜禽粪肥经过沼气池发酵后作饲草和培育水质的肥料。冬季清塘的鱼池肥泥又可用作种草的基肥，从而形成了物质流的良性循环，这是我国经典的人工生态系统养殖法。

由于立体养殖型生态农业最大的优点就是能够提高物质循环利用效率，因而使农牧民以最少的投入获得较大的收益，因而是养殖业的最佳选择。

041　为什么说立体式综合养殖完全实现了畜牧水产业的物质循环利用，从而使农牧民获得更好的经济效益？

立体综合养殖模式就是根据各种动物对于物质成分的不同利用程度，以物质能量流为主线，将各种养殖方式有机地串联起来，因地制宜地组织以渔、农、畜、禽为主的横向并联，为养殖业开辟多种饲料肥料来源，同时它们之间又可以相互利用产品废弃物，做到一场多业、一水多用、立体开发、综合经营，实行鱼、猪、鸭、鹅、林、果、瓜、菜相结合的优化生产模式。这种模式实现了“空中果、水面禽、水中鱼、堤边林、坡上畜”的立体生产，不仅能够比单一养殖提高效益3～4倍以上，又能够在一定程度上提高社会效益和生态效益。

立体养殖型生态农业以这种模式为基础，还可以向投入端和产出端发展：在投入端加入饲料加工业，在产出端增加鱼、畜、禽产品加工和销售，从而使综合养殖向深度和广度发展。因此，这种多层次的立体型渔、农、牧综合化生产模式值得大力推广。

042 怎样结合村里的实际情况开发立体式综合养殖？

立体养殖型生态农业的模式有许多，在我国农村大多是以养猪为中心，养鸡、养鱼、沼气利用等相结合的循环利用模式。各地农村可以结合村里的实际情况，引导村民从以下几种目前常见的立体养殖型生态农业模式中选择适宜的模式。

“鸡—猪—蛆—鸡”模式 即以发酵后的鸡粪喂猪，猪粪育蛆，再用蛆喂鸡。

“鸡—猪—沼气—蚯蚓—鸡”模式 即以发酵后的鸡粪喂猪，猪粪生产沼气，沼气渣育蚯蚓，再用蚯蚓喂鸡。

“鸡—猪—鱼”模式 即以发酵后的鸡粪喂猪，发酵后的猪粪养鱼。

“鸡—猪”或者“猪—鱼”模式 即用发酵后的鸡粪喂猪，或者用发酵后的猪粪养鱼的两段式结合模式。

043 我国传统的"鸡（粪）—猪（粪）—鱼"循环利用链养殖方式有哪些值得借鉴的地方？

我国传统的"鸡（粪）—猪（粪）—鱼"循环利用链养殖方式，通常是把猪圈建在鱼塘附近，并且在猪圈的上方 1.5m 处设置鸡笼，既节省了鸡舍的建筑费用，又可以使蛋鸡的粪直接落入猪圈中，被猪在几秒内吃光，从而节省了猪饲料费用。而猪粪则泼洒或者引流入鱼塘内，猪粪中未被完全消化的粗蛋白质直接被鱼吃掉，其余的则作为鱼塘中的浮游生物的饵（肥）料，增加鱼塘中的浮游生物数量（即俗话说的"让鱼塘变肥"），从而使鱼有充足的饵饲料而增重。一般 3 ~ 7 只鸡可"供养"1 头猪，猪所采食的蛋鸡粪占日粮干物质的 6.3% ~ 14.6%，5 只蛋鸡约可节省猪饲料费用 60 元／（头猪·年），再加上养鱼，除了完成一个闭锁的无污染循环外，每年还可收入 20 ~ 30kg 的鱼。

图 23 "鸡（粪）—猪（粪）—鱼"是一种值得推广的循环利用养殖方式

“鸡—猪—鱼”这个无污染物排出的生态养殖循环系统，已在我国很多农村被推广应用。笼养蛋鸡的粪比较纯，适合于猪等单胃动物饲用，一般在单胃动物日粮中加入10%为宜。而混有垫草的鸡粪，适于喂牛羊等反刍动物，饲喂量可以多一些。由于鸡粪中的氮主要来源于尿酸，在瘤胃中以相当缓慢的速度降解为氨，因此不会或者会很少产生氨中毒问题，但是必须补充维生素A、维生素D、维生素E，从而提高鸡粪饲喂反刍动物的价值。近年来，由于畜禽粪便的二次污染问题日渐引起人们的重视，建议应当把畜禽粪便发酵后，再作为饲料使用。

044 为什么说在养殖水域里放养多品种的水生动植物更有利于农户增收?

在养殖水域里放养多品种的水生动植物，即放养不同品种与食性的鱼类（例如，适宜于在上层水体养殖鲢鱼、在中层水体养殖草鱼、在底层水体养殖青鱼等）和适宜于在水体的淤泥中养殖的贝类、龟鳖等；与此同时，还可以在养殖水域里栽培莲藕、菱角等水生经济植物等。这是利用水生动植物不同食性和特性进行立体养殖和套养的生态养殖方式。

图 24　在水域中放养不同水生动植物可以形成立体生态养殖

在水域中放养不同水生动植物，可以充分利用水体空间和水体里的饲料资源，充分发挥不同水生动植物间的互利作用，促进不同的水生动植物的生长。例如，未被完全消化的某一种鱼的鱼粪，可以作为另一些鱼的饵料；而鱼粪所产生的淤泥又适合于龟鳖、贝类及水生植物的生长；水生植物不仅可以提供藕、菱角等产品，而且还能够净化水体中的有机污染物，减少鱼病。在养殖水域里的这种封闭型食物链循环模式，既减少了水产养殖的成本投入，又增加了水产品的总体产量，从而可以使从事水产养殖业的农户增产增收。

045 怎样引导和帮助村民科学地选择搭配适宜的水产养殖品种？

为了充分、合理利用鱼塘、水库、湖泊等养殖水域中的天然饵料资源生产水产品，除了应当选择合适的放养种类外，还必须确定合理的搭配比例、适宜的放养密度与鱼种规格。

一、合理放养

为了充分、合理利用养殖水域中的天然饵料资源，在选择放养对象时，应当充分考虑养殖水域的理化性状、饵料保障程度及放养鱼类对于饵料的利用率。我国用于养殖水域养鱼的主要对象是浮游生物食性的鲢鱼和鳙鱼，其次是草食性的团头鲂和草鱼、杂食性的鲤鱼和鲫鱼，以及食碎屑和周丛生物的鲴鱼、鲮鱼等。深水养殖水域的底层水水温较低，通过尾水流出水库等养殖水域，可以用来养殖冷水性鱼类，发展虹鳟网箱养殖等。

二、放养规格

一般来说，水库与湖泊乃至鱼塘虽然都是养殖水域，但是其理化性状大有不同。例如，水库的水体大、水深、流急、风浪大，敌害较多，要求放养的鱼种具有较强的适应能力与避敌能力。此外，水库中饵料生物密度相对较低，鱼种要有较强的觅食能力和竞食能力。如果放养的鱼种规格太小，不能够迅速适应大水面的生活环境，索饵能力弱，生长慢，就更加容易遭到敌害侵袭，或者从进出水口和拦鱼设施处流失。因此，只适合于在鱼塘中放养。而体质健壮的大规格鱼种对于大水面的适应能力较强，生长快，能够较早地达到商品规格。因此，放养大规格鱼种是水库养鱼获得稳产高产的物质基础。我国水库养鱼中，鲢鱼、鳙鱼、草鱼的放养规格一般采用13.2cm以上的1龄鱼种，也有的采用体重0.25～0.50kg的2龄鱼种。鲤鱼、鲫鱼、团头鲂、鲴鱼、鲮鱼的规格一般为6cm左右。在水库蓄水初期，水位尚低，无泄洪威胁，凶猛鱼类的种群还很弱小，饵料生物资源又很丰富，抓紧这个有利时机投放较小规格的鱼种，也能够收到良好效果。

三、放养密度

确定放养密度的关键，是使放养鱼类的种群密度尽可能地符合养殖水域的饵料基础状况，做到既不妨碍天然饵料资源的再生产，又能够最大限度地发挥饵料生物的生产能力，维持养殖鱼类的最大种群密度，提供尽可能多的鱼产品。

四、搭配比例

科学地搭配放养种类和数量是决定养殖水域鱼的产量高低的重要技术措施。要求组成一个可以互相共存、各摄其饵、各自占有不同生态小生境的合理的鱼类群落，从而较好地发挥养殖水域的产鱼能力。

046　怎样引导和帮助村民通过饲养特种经济动物增加收入？

近年来，我国农村的特种经济动物养殖业发展很快，特种经济动物的种类也越来越多。从利用价值上，可以将特种经济动物分为药用动物、裘皮（革）用动物、肉用动物和观赏动物等几大类。

狭义而言，我国目前饲养的特种经济动物主要指国家林业局在2003年发布的可以从事商业性经营利用、驯养繁殖技术成熟的54种陆生野生动物。广义而论，特种经济动物还包括一些水产经济动物（鱼、虾、蟹和贝等）、畜禽的特殊品种（例如乌骨鸡、鸽和观赏犬等）以及因特殊需要驯养繁殖利用的陆生野生动物（鸿雁、熊和狍等）。

知识辞典

国家林业局发布的可以从事商业性经营利用、驯养繁殖技术成熟的54种陆生野生动物

犬科　貉，银狐（银黑狐），北极狐（蓝狐）；

鼬科　水貂；

灵猫科　果子狸（花面狸、白鼻狗、花面棕榈猫）；

猪科　野猪（仅限杂交种）；

鹿科　梅花鹿，马鹿（塔里木亚种除外）；

松鼠科　花鼠；

仓鼠科　仓鼠（金丝熊）；

鼠科　麝鼠（水耗子）；

毛丝鼠科　毛丝鼠（绒鼠）；

豚鼠科　豚鼠（荷兰猪，荷兰鼠）；

河狸鼠科　海狸鼠（草狸獭）；

非洲鸵鸟科　非洲鸵鸟（鸵鸟）；

美洲鸵鸟科　大美洲鸵（美洲鸵鸟）；

鸸鹋科　鸸鹋（澳洲鸵鸟）；

鸭科 疣鼻栖鸭（野鸳鸯、番鸭、南美鸭)，绿头鸭(野鸭)；

雉科 环颈雉（七彩山鸡、野鸡、雉鸡），火鸡，珠鸡（珍珠鸡），石鸡（美国鹧鸪），蓝孔雀（印度孔雀、杂交孔雀），蓝胸鹑（桂花雀、小鹌鹑），鹌鹑；

风头鹦鹉科 鸡尾鹦鹉（玄凤、红耳鹦鹉）；

鹦鹉科 虎皮鹦鹉（娇凤、彩凤、阿苏儿），费氏牡丹鹦鹉（棕头牡丹鹦鹉、红牡丹鹦鹉、费希氏情侣鹦鹉），桃脸牡丹鹦鹉（小鹦哥、桃脸、蔷薇鹦哥、桃脸情侣鹦鹉），黄领牡丹鹦鹉(黑头牡丹鹦鹉、黄领黑牡丹、黄襟黑牡丹鹦鹉、伪装情侣鹦鹉）；

梅花雀科 白腰文鸟（十姐妹、禾谷、算命鸟、白背文鸟、尖尾文鸟)，黑喉草雀（牧师鸟、巴森雀），七彩文鸟（五彩文鸟、胡锦鸟、胡锦雀、五彩芙蓉)，橙颊梅花雀(红颊雀)红梅花雀(梅花雀、红雀、珍珠鸟、红珍珠)，禾雀（灰文鸟、爪哇禾雀、文鸟、灰芙蓉、爪哇稻米雀），栗耳草雀（锦华鸟、锦华雀)；

燕雀科 金丝雀（白玉鸟、卡纳利岛丝雀、芙蓉鸟、玉鸟、白玉、白燕）；

淡水龟科 巴西龟，鳄龟（大鳄鱼龟、蛇鳄龟、驼峰龟）；

鳖科 中华鳖（甲鱼、水鱼、团鱼、元鱼）；

鳄科 尼罗鳄，湾鳄暹罗鳄；

蛙科 中国林蛙（哈士蟆），（黑龙江林蛙）哈士蟆，猪蛙，虎纹蛙；

钳蝎科 蝎子；

蚁科 双齿多刺蚁，大黑木工蚁，黄猄蚁；

蜈蚣科 蜈蚣（天龙）。

与普通畜禽养殖相比，特种经济动物养殖成本相对较高，主要表现为引种费用相对较高，需要较大的场地和特殊的笼舍设计，饲料价格相对较高，卫生防疫和产品加工的方法各异等。但是，特种经济动物养殖的效益较好，利润比普通的畜禽养殖高得多。不过，这类高效益的项目风险也比较大，市场行情的波动具有一定的周期性。

特种经济动物的种类繁多，由于各自的生物学特性不同，需要不同的饲养管理方法，需要饲养人员掌握相关的科学技术，例如蓝狐和鹿的人工授精技术等。日前，我国特种经济动物养殖行业的专业技术人才还相对缺乏，市场上的特种经济动物的成品配合饲料种类很少，与畜禽养殖业无法相比。特种经济动物疾病防治用的疫苗和药品等也多是使用畜禽药品，只是在剂量上有所调整。特种经济动物的产品加工技术复杂，例如鹿茸、裘皮的加工方法对于产品质量的影响很大，不同等级的产品价格相差悬殊等。

任何产业都会受到市场供需变化的影响，特种经济动物养殖业表现得尤为突出，市场行情难以把握，波动幅度巨大。例如，我国毛皮兽养殖业已经有近 50 年的历史。以水貂为例，20 世纪 80 年代末，水貂种兽存栏量达到 100 余万只；年生产水貂皮近 500 万张 ；1988—1989 年，由于国际毛皮市场价格大幅度滑坡，我国的水貂养殖业遭受巨大打击，貂场倒闭 80% 以上。近年来，随着国内市场需求量的增加，水貂养殖业又有很大幅度的发展，目前存栏已达 600 万只以上；但是貂皮市场何时会达到饱和，市场的准确需求量是多少尚无人能说清，水貂养殖业仍然面临着巨大风险。

047 村民在饲养特种经济动物时应当注意哪些问题？

村民在饲养特种经济动物时应当注意以下几个问题：

一、必须量力而行

村里的农户投资特种经济动物养殖时，千万不能抱着投机和暴富的心理，在资金投入时要进行详细的预算。特种经济动物养殖至少要经过 1 ~ 2 个生产周期才能够见到效益，在见效前的场房建设、引种、饲料、水电和人工等方面都需要进行资金投入。因此，在投资前要做好详细的预算，因实际财力制定养殖规模。

二、技术要领先

近年来，特种经济动物的养殖技术发展很快，如果投资规模较大，就必须引进先进的技术和专业人才，按照行业标准建场，才能在激烈的竞争中占有优势。即使是一家一户式的小规模饲养，也应当掌握或者了解先进的养殖技术，例如，利用人工授精技术进行蓝狐的改良、选用合适的饲料配方等。

三、必须遵纪守法

国家保护的濒危珍稀野生动物一般是禁止养殖和买卖的。即便是养殖国家林业局发布的可以从事商业性经营利用、驯养繁殖技术成熟的陆生野生动物时，也需要到当地林业、农业主管部门办理驯养繁殖许可证。与此同时，还要依法符合动物防疫、检疫的要求。例如，对于肉用特种经济动物产品的卫生检疫要依照相关的食品卫生法律法规办理。

图 25 发展特种动物养殖业必须注意量力而行、因地制宜等问题

四、要搞好市场调查

市场调查在特种经济动物养殖中非常重要，热门品种和紧俏品种不一定是好品种，有经济效益的、最适合于自己养殖的才是好品种，原则上是“以销定产”。例如，鹿、水貂和蓝狐等大规模养殖的物种，产品市场也相对较大，虽然竞争激烈，但是产品相对容易销售。饲养花鼠主要作为宠物出口国外，虽说目前花鼠养殖场的数量极少，出口价格也较高，但是如果没有专门的出口渠道，仅靠需求量很小的国内市场，盈利的可能性几乎没有。鸵鸟肉和杂交野猪肉的年产量并不高，但是因市场需求量较小，供、求市场脱节，部分地区的产品供不应求，部分地区产品严重积压，个别地区的杂交野猪肉价格和家猪基本相同，因此盲目进行养殖很难见到效益。

五、应当因地制宜

特种经济动物的种类繁多，因为各自的生物学特性和市场需求不同，适合分不同的地区饲养。例如，鳄鱼、虎纹蛙等特别适合在气候温暖的海南饲养；水貂、狐和貉等毛皮兽则适合在寒冷的北方饲养。

六、注意掌握信息

我国特种经济动物养殖行业组织发展较慢，虽然在一些地区和一些科研单位成立了相关的养殖协会，但是多数协会结构单一，指导性和组织性不强，科技含量低，没有发挥应有的作用。挂靠在东北林业大学野生动物资源学院的中国野生动物保护协会养殖委员会成立于1991年，十几年来为我国特种经济动物养殖业的发展做了大量工作，取得了良好的社会效应。投资特种经济动物养殖一定要加入相关的行业协会，加强交流，加强学习，及时了解有关政策和行业信息，才能够在复杂多变的市场中立于不败之地。

048 为什么说集约化畜禽养殖是生态养殖业发展壮大的必由之路？

与传统的散养化畜禽生产相比，集约化养殖在遗传育种、饲料营养、疫病防治、环境控制、饲料转化率、生产效率、标准化生产、经营管理、规模效益等方面，都具有无可比拟的优势。随着经济的发展和人们生活水平的不断提高，人们对于畜产品需求的增长已成为食物需求增长的主体。基于集约养殖的显著效益和畜产品市场需求的扩大，全世界的畜禽养殖业正在向集约化经营方向迅速发展，猪、鸡的集约化生产方式已分别占到全球的约52%和约58%，其中亚洲的集约化养猪达到全球31%的份额。我国自“菜篮子工程”实施以来，养殖业的规模及产值均发生了巨大的变化，许多城郊建立了大中型集约化养殖场，集约化养殖蓬勃发展。据统计，目前全国的生猪和肉鸡的集约化养殖比例分别达到了34%和73.4%，大城市的养殖业集约化程度更高。养殖业的集约化经营大大丰富了产品市场，提高了人们的生活水平，实现了畜禽养殖综合效益的显著提高；同时，畜禽养殖集约化进程的加快，对于推进农业、农村产业结构调整，最大限度地实现农村剩余劳动力的就地安置，推动农民增收也起到了显著作用，是推动新农村建设的重要手段。

049 怎样动员与组织村民创造条件办好集约化畜禽养殖业？

畜禽养殖业、种植业是农业生产系统中相互依存、互为利益的耦合体，种植业的副产品可用作畜禽养殖业的饲料，畜禽养殖业产生的粪便又是种植业的良好有机肥源，这种“天然联系”的特性，正是生态农业和农业循环经济所要求的。基于这一特性，遵循生态规律，按照可持续发展理念，依托国家大力发展沼气的政策，遵循“政府推动、企业主导、村民参与”的原则，以沼气设施为纽带，在集约型养殖企业和周边农户之间构建半封闭式循环型生态养殖园区，是生态养殖业的发展方向。在园区内，凭借良好的技术支撑，以大力发展农产品安全认证与深加工为途径，通过投入简单的生产资料，例如，种子、饲料、畜禽幼仔、少量化肥与农药等，生产出优质环保、附加值高的农牧产品，同时得到洁净能源（沼气）和优质肥料（沼肥）。这样既能够延伸产业链条，推动农业产业化进程，使养殖企业和农户的经济效益有效提高，又能够大幅度降低养殖企业的能源投入，分担村民的生活燃料与肥料支出，还能够消除养殖企业的排污压力，实现清洁生产，真正把企业和农户的利益紧密连接起来，实现整个养殖园区废物资源化和资源的半闭合式循环，最终实现废弃物的最小排放和整个园区的生态平衡。

图 26　村里发展集约化畜禽养殖业时必须注意科学性

一、抓住沼气化这个集约化畜禽养殖的纽带

在集约化畜禽养殖园区内，以养殖企业为中心，建立大型沼气设施，将养殖场连同农户产生的人畜禽粪便．作物秸秆等废弃物投入其中，生产出沼气和沼肥（沼液、沼渣），沼气供

养殖场、村民、食品加工厂和饲料加工厂作为清洁燃料使用；沼肥既是优质的肥料，又可作为鱼的饵料；农作物秸秆供养殖场作为青饲料或者作为饲料加工厂的原料，以满足畜禽生产的需要。以沼气设施为衔接，建立起养殖业与种植业资源循环利用的生态链，使整个养殖生产活动的全过程无污染物排放或者大幅度减少污染物排放，而产出的都是环保安全、高品质的农牧产品。

二、让集约化成为有机产品认证的基础

在国家和广大消费者注意食品安全性的形势下，当前许多城郊的集约型养殖企业相继关注农产品有机认证或者绿色认证，竞相发展有机（绿色）畜禽产品和农产品。集约化生态养殖园区建成后，应当充分利用沼肥的特性，在发展有机（绿色）畜禽产品认证的同时，大力发展有机（绿色）农产品的安全认证，形成绿色养殖业和绿色种植业共同发展的绿色农业格局，以推动农牧产品升值，提高园区的经济效益。

050　村里发展集约化畜禽养殖业时必须注意哪些问题？

在现行法律框架下，村里可以通过适当的激励政策，建立可行的农地流转机制，引导农民把自己的土地（使用权）折价入股，入股的土地由养殖企业统一经营，农民在年底参与企业分红。与此同时，村里要建立长效可行的协调机制，使农户可以按其为养殖企业提供的土地、秸秆、人畜粪便的量，从养殖

企业免费或者低价获得沼气和沼肥。这样既能够利用企业的资金、资源和技术优势，实现土地的高产、高效，又能够有效地推动种养结合，实现废弃物的资源化利用，减轻环境污染。

村里在发展集约化畜禽养殖业时，必须严格执行国家的《畜禽养殖污染防治管理办法》、《畜禽养殖业污染防治技术规范》和《畜禽养殖业污染物排放标准》等相关规定，科学规划、合理布局集约型养殖企业的发展，切实遵守“环境影响评价”和“三同时”制度，严把新建养殖企业的环保关，进一步加强和完善环境调查、监测工作，并且制定有效的控制对策与措施，加大农村环境保护法规宣传力度和环境污染惩治力度，使村民和养殖企业在发展集约化畜禽养殖业时保护好农业生态环境。

大力发展能源综合利用型的生态农业

051 什么是能源综合利用型的生态农业？

农村能源即俗话说的“开门七件事——柴米油盐酱醋茶”中的第一件大事：“柴”。随着时代的发展，“柴”已经不仅仅是单指薪柴（包括作物秸秆），如今还包括电能、煤、天然气、石油液化气、太阳能、地热能及生物质燃料（例如沼气等）。过去，“柴”仅仅是作为燃料使用，随着生态农业的发展，农村能源通过综合利用来发展生态农业，从而形成了能源综合利用型的生态农业。

能源综合利用型的生态农业最典型的模式，就是沼气化农业和太阳能农业两大类。

沼气化农业 即把沼气开发利用与发展生态农业、建设新农村和保护生态环境有机结合，从单纯地解决农村生活功能向综合利用、发挥生态功能方向发展，使沼气利用的内涵不断丰富，外延得到有效拓展。能源综合利用型的生态农业一般是从改变畜牧业的生产方式入手，优化畜牧业区域布局，推进规模生态养殖小区建设沼气工程。在积极推广"一场一厂"式（即一个规模养殖场建一个有机肥加工厂）畜禽粪便资源化处理模式，使粪便通过加工处理成为有机肥的同时，以沼气为纽带，形成畜禽养殖与废弃物综合利用的互促互动机制。此外，针对农村生活污水集中处理设施和能力明显滞后的状况，结合实施"千村示范、万村整治"工程，在农户中推广应用生活污水净化沼气池，有效地改善农村生态环境和人居环境。在沼气开发利用中，注重与发展生态农业紧密结合，大力推广"猪—沼—作物"、"猪—沼—果（茶）"等以沼气为纽带的能源生态农业模式，形成"养殖—沼气—种植"三位一体的生态农业新格局。

太阳能农业　即充分利用太阳能来发展生态农业。其常见的方式就是建造太阳能温室大棚。

052　为什么说沼气化农业是我国农村最为简便易行的生态农业生产模式？

我国对于沼气的利用最早出现在19世纪80年代的广州潮州、梅县一带。近30年来，各地以沼气为纽带的生态农业得到了较大的发展。南方"猪—沼—果"沼气化生态农业模式和北方"四位一体"沼气庭园生态农业模式不断成熟和得到推广。

目前，我国农村沼气建设的类型主要有以下三种：

一是以推广户用沼气池为纽带的"生态家园富民工程"生态模式。通过沼气池变有机废物（包括作物秸秆、畜禽粪便等）为宝，并且改善农民生活和生产条件，促进农业产业结构调整，增加农民收入，推动生态建设，促进农业可持续发展。

二是以处理规模化畜禽场粪便污染为主，兼得沼气能源的“能源环保工程”，即大中型沼气工程。主要是利用厌氧发酵技术不仅就地处理了大量高浓度有机污染源，产生的沼气还可以用作农户燃料等。

三是沼气式循环型农业模式。即根据循环经济原理，以沼气为纽带，构建一个复合生态链，实现农业废弃物综合循环利用的农业发展模式。这种模式的构成如下图所示。

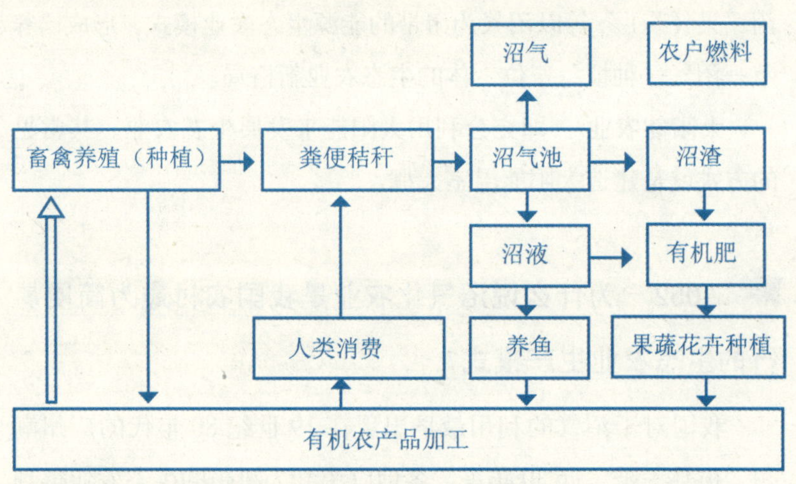

图 27　农业废弃物综合循环利用的农业发展模式示意图

显而易见，以沼气化为主要特征的能源综合利用型的生态农业关系到农业生态环境改善和农民生活质量提高，对于农产品清洁生产和质量提高具有重要意义。其中，农业废弃物综合循环利用的农业发展模式主要是将人与畜禽粪便以及农业废弃物通过微生物发酵转变成沼气、沼液、沼渣。沼气为村民的生产、生活提供能源，沼液、沼渣可以代替化肥。该模式简单易行，尤其适合于在我国农村推广。首先，生产沼气的原料是人和畜禽的粪便以及秸秆，易取得且成本低。其次，通过发酵产生的沼气是清洁、廉价、安全的能源，其主要成分是甲烷（含量约为60%），比煤气的质量约高1.5倍，而一氧化碳含量仅为0.01 %，是煤气中的一氧化碳含量的1/1 000左右，几乎无一氧化碳中毒的可能性；产生的沼渣通过再加工可以制成优质颗粒有机肥料，不但肥效提高1倍以上，而且还能有效减少农作物病虫害，提高农产品质量，形成了较为完整的良性循环生物链。

053　沼气化生态农业会通过哪些方面给农民带来好处？

沼气化循环型农业生产系统不仅能够为农村带来直接经济效益，促进农民增收，而且能够为农村提供新型能源，改善农村能源利用结构，有效地降低农业（特别是畜禽养殖业）立体污染，改善农村生态环境，可以为村民带来以下诸多好处。

图 28　沼气化循环型农业生产系统为农民带来诸多好处

一、秸秆得到循环利用

以农作物秸秆为粗饲料，搭配必要的精料或者优质豆科牧草发展草食牲畜，转化为肉、奶、毛皮等畜产品；再将畜禽产生的粪污转换成沼气、沼渣、沼液，沼气解决农村生活用能，沼渣和沼液作为高效有机肥料使用。据粗略测算，如果全国新增利用 2 亿 t 农作物秸秆，可养 600 万头奶牛、2 700 万头肉牛，年产牛奶 2 000 万 t，牛肉 150 万 t，其粪污可产生沼气 217 亿 m^3，相当于 1 540 万 t 标准煤，为全国农业能源消费总量的 20% 以上。

二、畜禽粪污得到循环利用

沼气化循环型农业生产系统将畜禽粪便由目前的作为肥料一次利用转化为能源—肥料二次利用，可以明显减轻对于水源的污染。目前，全国每年养殖140亿只家禽、10亿头生猪、2亿头大牲畜、6亿只羊，每年产生粪便约10.6亿t（干粪），按照可利用其中的50%即5.3亿t外加人粪尿，粗略估算可产生1 727亿m^3沼气，相当于12 262万t标准煤，达到全国农业能源消费总量的180%以上。

三、促进农业增产和农民增收

以沼气为纽带的循环型农业模式以沼渣、沼液为肥料种植粮食、水果、蔬菜，一方面减少了化肥和农药用量，大大降低了种植成本；另一方面带动了农户扩大养殖规模，增加了收入。

四、改善了农村生活条件

农户建设沼气池后，人畜分院、牲畜圈养、粪便入池，厕所清洁、厨房明亮、灶台干净，卫生条件和生活环境大为改善，能够有效地解决人、畜、禽粪便及生活污水对环境的污染问题，大量减少传染源，切断疫病传播渠道，避免一些疾病的传播，解决农村“脏、乱、差”的问题。同时，农户建设沼气池后，可以减少生活中的伐柴（草）、烧火等劳务时间。

054　我国农村的“猪—沼—果”、“猪—沼—鱼”沼气化生态农业为什么让农民致富？

“猪—沼—果”模式　是以养猪为龙头，以沼气为纽带，联动果业发展的生态农业模式。具体地说，就是猪粪下池发酵产气，供农户生活用能；沼液、沼渣用来肥果、喂猪。

图 29 “猪—沼—果（鱼、菜、花）”模式简单易行

这种模式以果园为基础，在园中建一座沼气池，在沼气池的上面建猪舍、厕所。根据果园大小，确定养殖畜禽的数量和沼气池的大小。一般 $100m^2$ 果园适合养殖 75 ~ 120 头猪，建沼气池 150 ~ $225m^3$，即可基本满足所需肥料和农户生活、生产用能。这种模式也可以在蔬菜园、花卉园推广，形成“猪—沼—菜(花)”等模式，可增收节支 30 000 多元。

“猪—沼—鱼”模式　由于沼液、沼渣含有丰富的氮、磷、钾元素和多种微量元素及菌体蛋白质，直接投放鱼池后，可以肥沃水质，繁殖浮游生物，保持鱼池良好的水质和溶氧状态。沼液、沼渣在沼气池内厌氧发酵后，杀死了大部分的寄生虫卵和病原菌，所以用沼液、沼渣养鱼，可以减少鱼病传染、提高鱼种成活率和鱼的品质。用沼液、沼渣作饲料的鱼池，可以扩大鱼池养殖品种，提高混养密度，增加产量。试验表明，养鱼成活率提高 30%，产量增加 40% 以上。

055　怎样引导和帮助村民因地制宜地发展沼气化生态农业？

村里应当根据本地的气候、家庭人口、畜禽养殖、地形、资源利用、经济状况及沼气综合利用等条件的不同，确定建池模式和池形结构，尽可能做到投资少、效益高，切不可死搬硬套，劳民伤财。在发展沼气化循环型农业生产时，尤其要注意以下几点：

一是不同类型的沼气农业模式各具特色、各有优缺点，选择模式应当视村里具体的自然、社会条件而定，既要考虑建造技术及其维护管理，又要考虑沼气相衔接的种植养殖业，考虑投资，还要考虑水电、液化气等能源替代品的丰缺。

二是合理确定沼气池的规模，优化配置系统内的种养比例，考虑沼气的经济价值和综合价值，以充分发挥沼气在生态农业和环境建设中的综合作用和纽带作用。

三是规范沼气池建造和沼气灶具及配套产品，完善沼气经营和管理的有关技术和政策法规。

056 怎样结合农户厕所改造推动沼气化生态农业？

改造农户厕所，也就是“农村改厕”，是改变农村几千年来的不良卫生习惯的重要措施。通过农村改厕改善村民的生活环境质量，控制和降低农村肠道传染与寄生虫病发病率、减少饮用水的污染至关重要。在建设好卫生厕所的同时，搞好粪便无害化处理是关键。其中，结合农户厕所改造推动沼气化生态农业建造沼气户厕是农村改厕的一种主要类型。例如，北方某农村的“九位一体”沼气户厕不仅有较大的社会效益和经济效益，而且是解决农家庭院生活污水和粪便无害化处理的有效途径。

图 30　结合农户厕所改造推动沼气化生态农业的沼气户厕

一、沼气户厕的结构

“九位一体”的沼气池建在猪圈底部，呈长方形(6m长×3m宽)，总占地面积约$18m^2$。池深2m，直径3.1m，出水池$1.4m^2$，自动掏渣池$0.7m^2$，总容积6～$8m^3$，沼气池壁的厚度为0.6m，圈梁0.6m。在猪圈的顶部设鸡舍，长2.5m，宽1.5m，猪圈与厕所相连。厕所高1.8m、宽1.7m，顶部安有太阳能热水器，室内与厕所安装淋浴器和便瓷盆，下有二格式化粪池，长66cm，宽50cm，深1.3～1.5m。

二、沼气户厕的工艺流程

太阳能水澡浴—厕所—鸡舍—猪圈—生活污水—沼气池—出水池—沼气—用户共9个环节，所以被称为“九位一体”沼气户厕。

“九位一体”沼气池户厕在夏季池温25～35℃时，平均日产沼气$4m^3$；冬季池温在10～12℃时，平均日产沼气1.5～$2m^3$。既不耗电，也不用生活饮用水，而用生活污水及洗澡水即可。

三、沼气户厕的社会效益

由于人畜粪便、有机物、废弃物、生活污水经过沼气池厌氧细菌分解，得到了妥善的收集和处理，其社会效益有以下几点：

1．可以得到优质能源，改善农村卫生面貌，有益于肠道传染病的预防；

2．解决了农民洗澡难、燃煤难、厕所脏臭的问题；

3．厌氧消化液和沼渣的残余物中含有的氮、磷、钾、多种氨基酸和消化酶等，是高质量的肥料和饵料，种植粮棉、瓜果蔬菜可降低病虫害，而且能够100%杀死蚜虫等，使蔬菜无害化，有利于绿色食品的开发，大大降低慢性病，从而确保了人体健康；

4．秸秆不再做燃料，减少了地面堆积杂物，净化了环境，又增加了秸秆还田率，农田增加了有机肥来源，减少了化肥和农药用量；

5．农民可用沼气做饭、照明，节煤节电节水，减少对环境与水源的污染。

四、沼气户厕的经济效益

据测算，建成1个新型“九位一体”沼气池户厕仅支出500～800元，年产沼气可供一家农户9～12个月做饭和烧开水(夏季火力旺，冬季弱些)，与液化气和煤炭相比，每年可节约600～700元燃料费。1个沼气厕所年产厌氧消化液3～5t，内含有大量的氮、磷、钾和多种氨基酸，可做优质肥料，替代化肥，每亩可节约化肥款120元，还可使农作物早熟4～6天，高产过半，每亩增收效益达千元，扣除建厕开支1年可收入资金2 500多元。

057 在农村发展沼气化生态农业时应注意哪些事项？

一、转变观念，提高认识，加强领导

沼气是生态农业建设的重要纽带，既能够提供村民的生活用能，又可以提供优质肥料，改善环境卫生、生态环境，在新农村建设中具有非常重要的作用。因此必须加强对于沼气建设和利用的力度，尤其是村里要把兴办沼气化农业作为密切联系群众、为民办实事的大事来抓，建立健全管理机构和服务体系，制定必要的措施和相应的政策，引导村民大力发展沼气化生态农业。

图 31　沼气化生态农业是帮助村民靠生态致富的好形式

二、加大科技投入，推广沼气综合利用技术，提高资源利用率

沼气化生态农业是新的农业科技技术，发展沼气化关键在领导、成败在技术。村里要在县农业部门沼气办的支持下，对施工技术人员进行专业培训，使其掌握最先进的建池技术及沼气综合利用技术，充分发挥沼气综合利用价值。

三、因地制宜发展沼气化生态农业

村里应当根据本地的气候、家庭人口、畜禽养殖、地形、资源利用、经济状况及沼气综合利用等条件的不同，确定建池模式和池形结构，尽可能做到投资少、效益高，切不可死搬硬套、劳民伤财。与此同时，村里要积极健全沼气化服务体系，强化服务功能，确保农户建池的质量和使用效益。

058 怎样使沼气化生态农业的副产品得到充分的综合利用，为村民创造更多的财富?

近年来，随着沼气技术的日趋成熟，以沼气为纽带的生态家园富民计划在广大农村得以实施，农村沼气化建设进入到一个新的发展时期。与此同时，沼气及其副产品在发展有机生态农业方面，也不断地出现新的突破。以下是各地农村总结出来的综合利用沼气与沼液、沼渣的好经验：

二氧化碳施肥 在冬春季日光温室的蔬菜生产中，由于温度低，温室的通风时间短，随着光照强度的增加，作物的光合作用随之增强，温室大棚内的二氧化碳浓度迅速降低，此时需要增施二氧化碳气肥。燃烧 $1m^3$ 沼气可以产生二氧化碳 $0.975m^3$。因此，在温室大棚内安装沼气灯或者沼气灶，燃烧沼气可以为蔬菜提供充足的二氧化碳，提高蔬菜的产量和品质。二氧化碳气肥的施用，应当根据蔬菜种类、光照强度和温室温度情况而定。一般黄瓜、番茄、芹菜和豆类等蔬菜在营养生长盛期，需要补施二氧化碳气肥。

温室增温 冬春季度日光温室蔬菜生产中，常会遇到连续降雪或者大风降温等恶劣天气，对于温室蔬菜生产构成很大威

胁，因此通过燃烧沼气提高温室内温度，可以使蔬菜安全地通过严冬。在通常情况下，燃烧 $1m^3$ 沼气可以产生大约 23 000 kJ 热量，而每 $1m^3$ 空气升温 1℃约需 1kJ 的热量。参照这些参数，可以计算不同容积的温室增温所需要燃烧的沼气量。例如，要使长 50m、宽 6.5m、高 1.5m 的温室温度提高 5℃（在不考虑散热的情况下），需要燃烧沼气 $0.1m^3$。一般在温室内每 $50m^2$ 安装 1 盏沼气灯，或者每 $100m^2$ 安装一台沼气灶，必要时适当地燃烧沼气，可以有效地增加温室温度，确保蔬菜不受冻害或者低温冷害。

浸种　沼液中除了含有氮、磷、钾及微量元素之外，还含有大量氨基酸、维生素 B、各种水解酶、植物生长调节物质等。通过沼液浸种，可以提高蔬菜抗病、抗虫的能力，为农业高产奠定基础。用沼液浸种之前，要先将种子充分晒干，然后装入纱布袋中，扎紧袋口，取正常使用 50 天以上的沼气池内的沼液稀释 10 倍浸种。一般在 15 ~ 18℃的情况下，瓜类蔬菜浸种 2 ~ 4 h，茄果类蔬菜浸种 4 ~ 6h，然后用清水洗净种子，摊开晾干表面水分，再进行催芽播种。

根部追施　沼液是一种速效液态肥。据农业科技部门对于沼肥与化肥进行肥效等量计算，沼液中含速效氮 0.4g/kg、速效磷 0.3g/kg、速效钾 0.3 ~ 0.4g/kg。一般蔬菜追施沼液 37.5 ~ $45t/100m^2$，可以增产 9.8% 以上。通常结合灌水，直接将沼液追施到垄面或者垄沟内。

叶面喷施　叶面喷施所用的沼液为正常产气 50 天以上的沼气池中的滤清液。在蔬菜苗期选择晴天上午，将沼液稀释

10～20倍进行叶面喷施；生长中后期将沼液稀释5～10倍进行叶面喷施，同时配施0.5～1.0g/kg的尿素和磷酸二氢钾，每7～10天喷施1次。

病虫害防治 沼液和沼渣还是很好的有机农药。例如，在辣椒白粉病发生初期，利用10～20倍沼液连续喷洒2～3次，可以明显地抑制辣椒白粉病发生，同时对于辣椒病毒病也有较好的防治效果。这是因为沼液可以抑制蚜虫发生，从而控制了病毒的扩散蔓延。基肥施30～37.5t/100m^{2}的沼渣，用20倍沼液浸种8h，在生长期叶面喷洒10～20倍沼液3～4次，都可以控制西瓜枯萎病的大面积发生。将沼液稀释10倍，在蚜虫、红蜘蛛和白粉虱等害虫为害初期，连续喷洒2～3次，可杀灭害虫80%以上。如果与相应的杀虫剂配施，对于成虫或者虫卵的杀灭率可达96%以上，而且药效期可持续30天以上。

配制营养土 采用完全腐熟、质地细腻的沼渣20%～30%，加入大田土50%～60%、锯末5%～10%、尿素和磷酸二氢钾0.1%～0.2%等，充分混合均匀，就配制成营养土，完全可以满足蔬菜苗期生长所需要的养分。

作为基肥或者追肥 沼渣是营养丰富的有机肥料，既可以作为基肥施用，也可以作为追肥施用。据实验，连续3天作为基肥施用沼渣22.5～37.5t/100m^2，土壤的有机质可以增加2.0～8.3g/kg，活土层从34cm增加到42cm。沼渣用作追肥时，一般按照22.5t/100m^{2}的施用量追施，可以沟施或者穴施，但是要避免直接与作物根系接触，以免发生灼伤。施后覆土，也可结合灌水，把沼渣加入水中，随水均匀施入。

059 什么是太阳能生态农业？

太阳能生态农业也称为“光能农业”，即充分利用太阳辐射能促进农业生产的一种生态农业模式。太阳能是一种取之不尽的无污染能源，可广泛用于照明、加热及发电。我国早在古代就掌握了在农业生产中利用太阳能的一些经验，例如谷物干燥、供暖等。随着现代农业科技的发展，太阳能在生态农业中得到十分广泛的应用,并且帮助农民获得颇为可观的经济收益。我国绝大部分地区的阳光充足，在农业生产中广泛利用太阳能是切实可行的。

图 32　太阳能生态农业具有无污染、安全、节能的优点

太阳能照明和取暖设备　太阳的热能可用于房屋和畜棚的取暖，例如将房屋和谷仓、畜棚设计或者改建成利用自然采光而不是电力照明，是利用太阳能最简单的一种方式。利用天窗

等“长日照”采光模式，畜禽养殖场尤其是奶牛场、养鸡场可以节省开支，增加奶、蛋的产量。太阳能热水器可为清洗畜圈提供低至中温的热水。奶牛场可以利用太阳能热水来清洁设备和刺激奶牛的乳腺。与家庭、农场用电热水器、燃气热水器相比，太阳能集热器每年可以节省许多的费用。

农产品和谷物烘干设备　干燥农产品和谷物是最古老的太阳能利用方式。用太阳能干燥设备来烘干谷物，比收获后将其置于田间晒干更快，并且具有免受鸟食、虫害和霉变损失的优点。太阳能烘干机一般包括：机箱、烘干室、筛网式烘干盘或者烘干架以及太阳能收集器。如果是简单的设计和土法制作，朝南的窗口使阳光进入烘干室，其他设计则是采用一个带玻璃罩、可吸收热能的深色箱，通过自然对流或者风扇使热空气通过谷物来进行烘干。农户不仅节省了燃料费用，而且在阴雨天仍然可以烘干谷物与其他农产品。

温室采暖设备　通俗地说，太阳能温室大棚就是最常见的温室采暖设备。生产型温室大棚通常依靠太阳采光，在阴雨天气或者寒冷季节也可以使用燃煤、燃用沼气、液化气或者燃油发热器来保持温室大棚里的温度。太阳能温室则是收集和储存太阳能作为热能，所储存的热量在夜晚或者阴雨天也可使用。为了获取最大的太阳光照，一座太阳能温室大棚通常向南，而其北面则采用隔热材料，很少或者几乎没有窗户。燃煤、燃气或燃油加热器则作为备用设备。

光能种子农业　光能种子农业是指利用太阳光能物流转化技术，对于农作物的种子进行一定时间内的光能辐射，以激化种子的潜在基因，促进种子的高产，扩大种子的适应范围，增强抗病能力。光能种子农业是我国于 1968 年首次在河南商丘市育种基地采用光能辐射甜高粱、玉米、小麦种子方法获得成功的。经过多次实验结果，甜高粱、玉米、小麦的产量平均增加 10% ~ 15%，抗病能力明显增强。

060 怎样引导和帮助村民因地制宜地建造太阳能温室大棚增产增收？

太阳能暖棚（大棚）依照不同的屋架材料、采光材料、外形及加温条件等，可以分为很多种类。例如，玻璃温室（使用平板玻璃作为透光室顶）、塑料棚温室（使用塑料薄膜作为透光室顶）；单栋温室、连栋温室；单坡屋面温室、双坡屋面温室；加温温室（在大棚里装有煤炉或者地暖类的装置提高棚内的温度）、不加温温室等。现代化的太阳能暖棚（大棚）中还具有控制温湿度、光照等条件的设备，可以用电脑自动控制创造植物所需的最佳环境条件。其结构有拱棚式、双坡屋面式及单坡屋面式等。其墙体构造材料有竹木结构类、钢结构支架类、砖石与混凝土结构类、组合型混凝土预制件结构类四种。其透光吸热材料也有平板玻璃与塑料薄膜之分。其坡顶保温覆盖材料也有棉絮、稻草帘、帆布、塑料制品四种不同类型。

各种类型的太阳能暖棚（大棚）的造价也不一样，甚至相差甚多。一般来说，简易式太阳能暖棚（大棚）的造价约在每平方米 20 元至 30 元，即每亩棚地的基本造价约在 1.4 万元至

2万元。而种植面积为1亩的大棚，占地面积约为2.5亩，即太阳能暖棚（大棚）的总造价约为3.5万元至5万元。当然，这也要根据当地的原材料价格、人工费用来浮动。此外，还要考虑到太阳能暖棚（大棚）内的灌溉设施、棚内升温设施及保温覆盖材料的费用。

图33　指导和帮助农民建造太阳能温室大棚时一定要因地制宜，量力而行

在指导村民修建太阳能暖棚（大棚）时，首先要考虑到当地日照条件、地理环境条件、农户家庭经济条件和棚内栽培的作物品种等多种因素，因地制宜、因户制宜地分类指导，帮助村民建造太阳能暖棚（大棚）并且积极发展太阳能生态农业。

例如，对于经济条件较差的农户，可以让他们先建造简易式的太阳能暖棚（大棚），围墙可以就地取材用土坯垒制，内部构件可以采取竹木类结构，透光吸热材料可以选用价格较为便宜的塑料薄膜，保温覆盖材料可以使用稻草帘等。这样的太阳能暖棚（大棚）虽说使用寿命较短(一般为 5 ~ 10 年)，但是基本造价较低，待农户的经济条件通过太阳能生态农业改善之后，可以再对原来的太阳能暖棚（大棚）进行改造。

又如，在朝阳的坡地上建造太阳能暖棚（大棚）时，可以因地制宜，在坡地上挖出凹槽从而节省部分砌墙的材料费用。

而对于较多的村民愿意建造太阳能暖棚（大棚）时，可以事先规划，引导他们建造连栋太阳能暖棚（大棚）。这样可以节省中间一道墙体的材料费用和人工费用,使太阳能暖棚(大棚)的整体建造费用降低。

再如，指导农民修建太阳能暖棚（大棚）时要尽可能地就地取材，竹木类原材料资源丰富的村庄提倡建造竹木构架的；泥土或者石头多的村庄提倡用土坯或者石块垒制围墙。而对于栽培耐寒性较强的经济作物的农户来说，甚至可以不用透光吸热材料或者选用价格也较便宜的较薄的塑料薄膜，夜晚用稻草帘覆盖加以保温即可。

当然，在农户家庭经济条件较好时，可以指导他们建造较好的（例如钢支架结构、玻璃屋面及配备棚内升温设施、滴灌设施）太阳能暖棚（大棚）。

此外，为了帮助农民群众解决建造太阳能暖棚（大棚）的投资费用较高的难题，除了可以积极地帮助农户向当地银行申请小额农业生产贷款之外，在有条件的村庄（例如城市郊区供应反季节蔬菜为主的村庄、全村性生产供应某种市场需求量大并且有发展潜力的经济作物的村庄等），可以想方设法与采购商家协商，采取由包干采购商垫资、太阳能暖棚（大棚）建成投产后以部分产品抵资的措施，做到既有了建棚资金、又有了太阳能农业产品定向购销的“双赢”。

061　怎样引导和帮助村民种植市场适销对路的太阳能温室大棚农产品？

据估算，建造一座太阳能暖棚（大棚）投资 3 万 ~ 5 万元。为了帮助村民尽快地收回建造太阳能温室大棚时的投资费用，应当引导和帮助村民在大棚里种植适销对路的农产品，例如低温季节喜温蔬菜（反季节蔬菜）、花卉、林木、药材等植物栽培或育苗等。尤其是在冬季和深秋、初春气温较低的不适宜植物生长的季节栽培反季节蔬菜最为适宜，这样不仅可增加城市的蔬菜市场品种供应，而且由于蔬菜生长期短、投资较少、资金回笼较快，因而是使农民尤其是城市近郊区的农民致富的“太阳能农业”产业。如果用来栽培适销对路的反季节蔬菜，1 ~ 2 年就可以收回建棚的投资。

此外，简易式的太阳能暖棚（大棚）也可以在冬季作为猪、牛、羊等牲畜及鸡、鸭等家禽的畜禽舍，有利于帮助畜禽越冬，还可以提高畜禽的产蛋（奶）率和生长率。

062 怎样引导和帮助村民因地制宜地利用太阳能烘干产品减少农业生产能源的消耗？

利用太阳能烘干农产品是我国古代以来就普遍采用的农业节能方式。如今，这种方式已由传统的自然照晒烘干发展为利用太阳能干燥装置对农产品进行烘干。按照接受太阳能及能量输入方式，常用的太阳能干燥装置主要有四种类型：温室型、集热器型、集热器—温室型、聚光型。此外，根据热空气的流动方式，还可以把太阳能干燥装置分为自然循环式和强制循环式。各地农村可以根据当地光照条件、要烘干的农产品种类等，因地制宜选择适宜的太阳能干燥装置。

温室型　太阳能温室型干燥系统不设置太阳能空气集热器，干燥室内的被干燥物直接接受太阳光。这类太阳能干燥装置造价低，结构简单便于建造，适用于干燥温度低、允许直接吸收太阳光的干燥对象，例如稻谷、麦子、牧草等。

集热器型　太阳能集热器型干燥器由空气集热器和干燥室组成。外界空气通过空气集热器加热，然后用鼓风机将热空气送进干燥室。干燥室是不透光的，加热空气所需要的能量均由空气集热器提供。通常这种系统是利用鼓风机强迫空气循环，这样不但解决了风量的问题，还能够加速传递热质的过程，从而提高了干燥效率。由于集热器与干燥室分开，可以避免阳光直接晒到物料，对于有这样要求的物料适用。

温室—集热器型　将温室和空气集热器结合起来，就组成温室—集热器混合型太阳能干燥装置。由于干燥物一方面从温室直接吸收太阳能，另一方面又受到来自空气集热器的热风的加热，兼有两者的优点，使干燥温度比上述两者有所提高。据测定，当温室透光面积和集热器面积之比为1∶1时，温度可提高5～10℃。这种类型的太阳能干燥装置由于温度较高，空气流量一般有保证，对于某些需要大风量进行干燥的物料(例如水泡梅等)可考虑用风机进行强制循环。

聚光型 聚光型太阳能干燥器类似于普通的聚光集热器，由聚光镜、集热吸收管、跟踪系统等组成。其缺点是结构复杂，造价高，但是可提供的干燥温度为80～120℃，属于中温干燥，具有干燥速度快、提高杀虫率等优点。这种类型的干燥装置一般用于价位较高的物料，例如谷物种子和棉花种子的干燥。

063 怎样引导和帮助村民把沼气化生态农业和太阳能生态农业有机地结合起来，形成综合能源利用型的生态农业？

沼气化生态农业是把沼气开发利用与发展生态农业，太阳能生态农业则是利用太阳能来发展生态农业，其能量来源分别是沼气与太阳能。但是，这两类可再生能源可以有机地结合起来，即在发展生态农业时把沼气能与太阳能同时利用起来，形成综合能源利用型的生态农业模式。例如，我国北方地区常见的“四位一体”式生态农业模式和我国南方地区常见的“五配套”式生态农业模式(也称为“五位一体”式生态农业模式)，就属于这类综合能源利用型的生态农业模式。

064 我国农村的“四位一体”式生态农业模式是怎么回事？

“四位一体”式生态农业模式在我国北方地区的农村常见。这是依据生态学、生物学、经济学、系统工程学原理，以土地资源为基础，以太阳能为动力，以沼气为纽带，种养业结合，通过生物转换技术，在农户庭院或者田园全封闭的状态下，将沼气池、猪（禽）舍、厕所、日光温室联结在一起，组成“四位一体”综合利用体系。它是在同一块土地上实现了产气、积肥同步，种植、养殖并举，建立了一个生物种群较多，食物链结构健全，能流、物流较快循环的综合性能源生态系统工程，成为发展高产、优质、高效的农业生产模式和实施农业生户结构调整的一项重要技术措施。

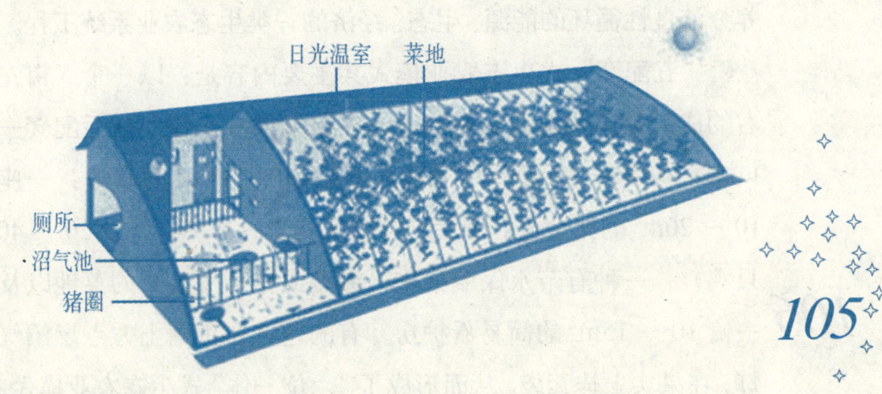

图 34 “四位一体”循环农业生产模式示意图

“四位一体”式生态农业模式具有七项功能：增强保温功能、供肥功能、制取沼气功能、养殖功能、种植功能、净化环境功能和多业结合集约经营功能，可以在我国冬季平均温度小于10℃的广大农村地区推广。

065 我国农村的“五配套”式生态农业模式是怎么回事？

我国南方地区农村常见的“五配套”式生态农业模式，又称为“五位一体”式生态农业模式，有的地区也称为“六位一体”式生态农业模式。这是依据生态学、经济学、系统工程学原理，使有利于农业生态系统物质和能量的转换与平衡，充分发挥系统内的动、植物与光、热、气、水、土等环境因素的作用，建立起生物种群互惠共生，食物链结构健全，能量流、物质流、养分流良性循环的能源、生态、经济的一类生态农业系统工程。

“五配套”式生态农业模式其主要内容是：以一个5亩左右的成龄果园为基本生产单元，在果园或农户住宅前后配套一口容积为8～10m^3的沼气池；一眼20～40m^3的水塘；一座10～20m^2的猪舍或者鸡舍（可以饲养4～6头猪或者20～40只鸡）；一种有节水保墒措施（渗灌或秸秆覆盖）的菜地以及一幢10～15m^2的简易看护房。有的地方在鱼塘上方点燃沼气灯，在果实上挂套袋，从而形成了“六位一体”式生态农业模式。

图 35　猪—沼—窖—果—房“五配套”循环农业生产模式示意图

图 36　猪—沼—莲—鱼—菜“五位一体”循环农业生产模式示意图

图 37　猪—沼—果—鱼—灯—套袋“六位一体”循环农业生产模式示意图

显而易见，这类模式把沼气能与太阳能同时综合利用起来，是以农户土地资源为基础，以太阳能为动力，以沼气为纽带，形成以农带牧、以牧促沼、以沼促果、果牧结合、配套发展的良性循环体系。

靠“绿色”“有机”品牌农产品发家致富

066 什么是农产品的“绿色”“有机”品牌？

农产品在生产和加工过程中比较普遍地使用化肥、农药、激素等人工合成化学物质，严重地威胁着人类健康。无污染、高品质、健康、安全的农产品已成为众多消费者的共识和追求，因此无公害农产品、绿色食品和有机农产品应运而生。这三类农产品通常可作如下理解：

有机食品 是指按照国际上通用的有机农业生产方式生产出来的、经专门机构认定，完全不含任何人工合成的农药、肥料、生长调节素、催熟剂、家畜禽饲料添加剂，而且严格禁止使用转基因品种的一类食品。

绿色食品 是指遵循可持续发展原则，按照特定生产方式，经专门机构认定，许可使用绿色食品标识商标的食品，分 A 级和 AA 级。其中 AA 级绿色食品质量标准与有机食品质量标准基本相同。但是绿色食品允许限量、限品种、限时间使用人工合成化学农药、兽药、鱼药、肥料、饲料添加剂等，并且不限制转基因品种。

无公害食品 是指产地环境、生产过程和终端产品符合无公害食品标准及规范，经过专门机构认定，许可使用无公害食品标识的食品。这类农产品中允许限量、限品种、限时间使用人工合成化学农药、兽药、鱼药、肥料、饲料添加剂等。

由上可见，无公害农产品、绿色食品和有机农产品都是安全食品，安全是这三类食品突出的共性，它们从种植、收获、加工、贮藏及运输过程中都采用了无污染的工艺技术，实行了从土地到餐桌的全程质量控制，保证了食品的安全性。

067 怎样引导和帮助村民发展无公害农产品和绿色食品的生产？

无公害农产品和绿色食品的生产方式与目前我国大多数农村地区依赖化肥、农药来增产增收的化学农业生产方式截然不同，其最大的区别就是限量、限品种、限时间使用人工合成化学农药、兽药、鱼药、肥料、饲料添加剂等。由于大幅度地减少了化肥、农药的使用量，因而在农田耕作方式、病虫害防治措施等方面都有了根本性的改变。所以，引导和帮助村民发展无公害农产品和绿色食品生产，首先必须依托依靠各级农业行政主管部门，通过加快产品开发和市场培育，进一步增强生产优势、品牌优势、产品优势，完善产业体系建设，推进“以市场为导向、以品牌为纽带、以企业为主体、以基地为依托、以农户参与为基础”的一体化发展战略。

与此同时，村里要指导村民学习和掌握无公害农产品和绿色食品生产技术技能，并且运用到农业生产实践中去。在村民的积极性较高、具备一定条件的村庄，应当本着因地制宜的原则，充分发挥生态资源优势，加快产品认证和无公害农产品与绿色食品生产基地建设，形成集约化、规模化效应。

068　怎样帮助开发无公害农产品和绿色食品的村民获得国家认证？

无公害农产品、绿色食品、有机食品都是整个农产品质量安全的重要组成部分，也都要经过国家认可的具有资质的权威性认证机构认定之后，才允许冠以“无公害农产品”、“绿色食品”、“有机食品”的名称和使用标志。这三类健康、安全农产品的认证又各具特色。一般来说，其获得认证的难度依次为无公害农产品—绿色食品—有机农产品，其区别如下：

一、质量标准不同

无公害农产品是解决食用农产品消费的基本安全问题，其质量标准较宽；绿色食品的质量标准较高，大体相当于现在欧洲市场上中等消费水平；有机食品则强调必须按照国家标准《有机产品》（GB/T　19630.1～1963.4—2005）组织生产，不得使用或者很少使用化学合成品，禁止使用转基因品种，相当于我们的生态食品或者纯天然食品，其实际达到的卫生安全标准更高一些。

二、消费对象不同

无公害农产品满足的是大众消费；绿色食品主要供给少数高收入群体和部分出口；有机食品目前主要是出口到经济发达国家和地区。

三、推动方式不同

无公害农产品认证由政府推动，并且在适当时候推行强制性认证。绿色食品以市场运作为主，政府推动为辅。有机食品认证是一种完全市场化的运作方式，与国际通行的做法接轨。

四、认证方式不同

无公害农产品采用产地认定与产品认证相结合和检测为主、检查为辅的方式认证。绿色食品采取质量认证和证明商标管理相结合的方式认证。有机食品则以检查认证为主，依靠检查员现场检查和辅导来进行认证。

五、收费标准不同

无公害农产品认证是一项公益性事业，认定认证本身包括材料审核、现场检查、专家评审、证书制作、媒体公告及抽查抽检等均不收费，仅在申请人委托相关质检机构进行环境检测和产品检验时，由质检机构收取一定的检测费，在购买无公害农产品使用标志时收取成本费。绿色食品的认证、环境测评和产品质检、标志使用、公告等都要按一定标准收费。有机食品由国内外认证机构时，一般要求有 1 ～ 3 年的辅导期（“有机转换期”），因而获得认证的费用较高。

图 38　无公害农产品、绿色食品、有机食品必须经过认证

因此，村里可以先引导村民从发展无公害农产品和绿色食品生产与认证入手，让土地经过 1 ~ 3 年的“有机转换期”之后，再进一步开发与组织有机农产品的生产与认证。一般来说，村里应当从以下几个方面入手：

1. 组织村民学习和掌握相关的认证要求和生产技术技能。

2. 指导和帮助村民按照无公害农产品和绿色食品的标准组织生产。

3. 联系相关的无公害农产品或者绿色食品认证机构，并且申请组织认证。

069 怎样引导和帮助村民积极创造条件发展有机食品生产？

有机农产品不同于无公害农产品和绿色食品，有机农产品完全禁止使用人工合成化学农药、兽药、鱼药、肥料、饲料添加剂和转基因品种，生产有机农产品的土地和生态环境必须经过1～3年的“有机转换期”之后，所生产的农产品才有可能通过有机认证。

因此，村里组织村民开发有机农产品生产时，首先要运用生态工程学、生物多样性间生态平衡的原理，严格按照国家《有机产品》标准的要求，因地制宜地进行有机产品基地的规划、设计。有机食品生产基地的规划设计与常规农业的规划设计最大的不同之处是：作物不施化肥但是必须保持土壤肥力，作物不用农药后仍然使病虫害得到有效防治，禽畜养殖与饲料原料的配合种植协调，饲料中不准加入化学合成的维生素、化学微量元素等，以及注重农业生态环境保护与农业可持续发展问题等。为了使村里的有机食品生产基地具备先进性、科学性和达到可持续发展，要做好如下几点：

一、在调查研究的基础上进行合理规划

在具体的规划设计之前，要对拟建的有机农产品生产基地的基本情况进行调查，了解当地的农业生产、气候条件、资源状况以及社会经济条件，明确当地适合开发的优势产品和“有机转换”可能遇到的问题；随后在掌握基地基本状况的基础上，为基地制定出具体的发展规划。在具体细节上要根据有机农业的原理和有机食品生产标准的要求制定详细的有关生产技术和生产管理的计划，有针对性地提出解决有机生产土壤培肥和病、虫、草害防治的方案，建立起从土地到餐桌的全过程质量控制模式，从而为有机农业的开发在技术和管理上打下良好的基础。另外，对于基地采取的运作形式，如公司加农户、公司租赁经营、政府经营、农民以协会或合作社的形式组织生产等，基地建设的保障措施，如组织领导、资金投入等都要考虑决定。

二、多咨询多请教

在初次从事有机农业开发的村里，从基地选择到规划要求，都要邀请有机农业开发咨询人员一起参加，以减少盲目性，少走弯路，提高效率，使有机生产从一开始就非常规范地进行。对于以县、乡为单位的有机生产规划，必须划定各村或者乡适合发展的有机生产主导品种，并且尽量使不同的基地之间能够有机地联系在一起（例如种植、养殖之间的联系），促使营养物质在区域内循环使用，从而有效地提高系统的综合生产力与经济效益。

三、掌握有机农业认证标准

有机农产品认证标准的制定来自于以下几个基本原则：

1. 有机生产主要通过农业生产系统的自身力量（例如种植绿肥，充分利用土壤本身蕴藏的养分等）得到土壤肥力；

2. 建立尽可能完整的营养物质循环体系（例如充分利用有机废弃物，合理施用有机肥等）；

3. 不使用基因工程品种及其产物；

4. 充分利用生态系统的自我调节机制防治病、虫、草害的发生（例如多样化种植、轮作、保护天敌等）；

5. 根据动物的天然习性进行养殖，以农场自产饲料为主（例如要求善待牲畜，保证牲畜健康生活等）；

6. 不使用化学合成的农药、化肥和易溶性矿物质肥料；

7. 不使用生产调节剂和含有化学合成药物（例如抗生素）的饲料；

8. 保护不可再生性自然资源；

9. 生产充足的高品质食品。

一般来说，只要坚持以上规则，就不会违反有机产品的标准，结合运用单项现代先进农业科学技术，规划设计出有机生产完美模式。

四、建立有机食品的检查认证、质量管理与营销体系

综上所述，村里规划设计的总体要求是：运用生态学原理，建立一个独立封闭完善的生态系统，该生态系统尊重自然规律，改造自然完全按照有机产品国家标准，以追求农业生产系统内的物流、能流良性循环，最大限度地提高物质、能量利用率，以生产单位面积内最多高品质食品为目的。这样的基地建立完善以后，当地的环境和生态平衡就会逐步改良，最后取代现有的常规农业生产。

070 为什么说有机农业和有机食品的生产必须以村为单位才可以全面实施？

首先，有机农业是一种集约化农业，而我国农村的土地是

以家庭为生产单元进行承包经营的，面积小、散、乱，不利于合理规划和制定隔离区。要在农村发展有机农业，就必须让更多的村民组织起来，积极参与到有机农业的发展中来。没有以村为单位组织村民积极参与、没有一个有效的农民组织，有机农业就难以实施。

其次，有机农业属于典型的劳动密集型产业，需要投入大量的劳动力，例如收集、加工、施用农家有机肥以代替化肥，就需要较多的人力；进行生物防治病虫害以替代化学农药，同样比单纯地喷洒农药需要更多的人力等。如果有机农业没有村里统一组织村民积极参与，作为发展有机农业基础条件之一的劳动力资源就得不到保障。

同时，有机农业是我国传统农业和常规农业向现代化农业发展的必然趋势，村民应当是理所当然的投入者和优先受益者，对于这样的直接涉及广大村民切身利益的大事，倘若没有村里出面组织村民直接参与，有机农业就难以得到长足发展。因此，全国各地农村都宜以村为单位，结合当地的自然优势条件，或者积极创造条件，因地制宜地发展有机农业。这就需要完善下列几项措施：

一、成立专门的农民合作社

村里可以以有机农业与有机农产品生产为纽带，组建有机农业生产合作社，合作社的社长可以是某方面的专家，提供技术支持和品牌支持，并且可以占有一定的红股，但是必须保证在合作社中 90% 都是当地的村民，这样才能够调动村民开发有机农业的积极性，最大限度地保障村民开发有机农业的合法权益。

二、依靠村民开发和发展有机农业

有机农业合作社的中坚力量是广大村民，村民又是村里发展有机农业的直接受益者，因此有机农业合作社的大事都应当尊重广大村民的意愿，例如土地的经营和运作由合作社全体社员参与和讨论，所有的决定必须是90%以上的社员同意才可以实施。

三、因地制宜发展有机农业

例如，对于欠发达地区的山区农村，可利用自己的后发优势，用生态文明的理念引领农业经济的发展，依托生态优势，大力发展有机农业并且带动相关产业。在远离工厂、矿山等污染严重的企业生产区的农村，则应当及早停用化肥、化学农药和化学除草剂等，争取建立有机农业生产基地。对于那些条件稍差些的农村地区，可以逐步减少化肥、化学农药的施用量，改善农业生态环境，从建设无公害农业生产基地或者绿色食品生产基地做起，经过一定时间的改造之后（例如有机农业土壤的有机转换期需要1～3年），逐步改善土壤中微生物的组成，使土壤中的污染物质进行降解，同时参照有机生产的要求进行生产和管理，并且逐步建立起完整的有机管理体系，从而为达到有机农业生产产地环境的相关要求、进一步获得国家有机食品生产基地认证奠定良好的基础条件。

四、创造条件，加强指导

村里应当带领村民先做好开发有机农业的基础性工作，例如为村民发展有机农业生产提供有机种子、生产技术，适时进行有机生产管理、病虫害防治等技术培训。

071 怎样引导和帮助村里获得有机食品生产基地和有机食品的认证？

有机食品生产基地和有机食品认证的工作程序一般如下：

(1) 要向国家认可并且具有资质的有机认证机构提出申请，填写申请表。

(2) 填写调查表，并且向有机认证机构提供有关材料。

(3) 有机认证机构审查材料，并派遣检查员实地审查(包括产品抽样)。

(4) 检查员将实地检查报告报送有机认证机构的颁证委员会。

(5) 有机认证机构的颁证委员会根据综合材料进行评审，决定是否同意颁证；或者转换期颁证或者有条件颁证；不能颁证。

如果同意颁证，则由有机产品与认证机构签订有机产品标志使用合同，并且由有机认证机构颁证。

从事有机食品生产经营的单位或个人，可以根据所从事的有机食品经营活动的种类，向有机产品认证机构申请"有机食品基地生产认证"、"有机食品加工认证"或者"有机食品贸易认证"，取得相应的认证证书，乃至向环境保护部申请"国家级有机产品生产基地"的认定。

图 39　OFDC 的有机认证标志

有机认证标志的有效期为一年，即只对申请认证的当年种植的作物或者产品有效。认证的基本要求是从产品生产基地到产品销售的全过程跟踪审查，对作物已收获的基地一般不再受理认证。因此，只要确定了生产基地，即可申请预审查。有效期满前三个月需重新办理申请认证手续。

072　为什么说村里生产的无公害农产品、绿色食品和有机食品最好是申请并获得商标注册？

无公害农产品、绿色食品和有机食品均实行“两端监测，过程控制，质量认证、标识管理”的基本制度，集中体现了全程控制的指导思想，也融入了体系认证的一些基本理念。

两端监测　一端是环境监测，主要是水质、土壤、空气三项指标的监测，确保产地环境无污染；另一端是产品检测，由具备一定资质的检测机构依据标准设定的指标对于产品进行检测，确保最终产品符合标准，并且验证生产过程控制措施是否真正落到实处。

过程控制 主要是指对于投入品的控制。例如种植业产品，主要是对农药残留、重金属等污染物的控制；养殖业产品，主要是对兽药残留、抗生素、细菌等污染物的控制。

质量认证 按照认证认可的基本规则，制定了一整套制度安排，并且严格按照认证程序规范认证。

标识管理 主要是对通过认证的产品，以标志管理为手段来加强产品在流通环节上的管理。

通过上述制度，树立认证的科学性、公正性和权威性，确保产品的质量安全水平。

其中，无公害农产品采取产地认定与产品认证相结合的认证管理模式；绿色食品推行“以技术标准为基础、质量认证为形式、商标管理为手段”的认证管理模式，采取质量认证制度与商标使用许可制度相结合；有机食品遵循国际惯例，按照国际有机食品标准和通行的认证准则运作。

无公害农产品、绿色食品和有机食品获得认证之后，仅是获得了“绿色品牌”和“绿色通行证”，但是要打开市场销路，还是要有自己的商业品牌才更加容易获得消费者的信赖。而产品的商业品牌多是通过商标注册和宣传来获得市场认知度的。因此，无公害农产品、绿色食品和有机食品在获得绿色认证的同时，最好是在当地省、市一级商标事务所的帮助下进行商标注册。

从农业废弃物里“淘金”致富

073 什么是农业废弃物？

农业废弃物是指在整个农业生产过程中被丢弃的有机类物质，是农业生产、农产品加工、畜禽养殖业和农村居民生活排放的废弃物的总称。农业废弃物主要包括农田和果园残留物（例如秸秆、杂草、枯枝落叶、果壳果核等）；牲畜和家禽的排泄物及畜栏垫料；农产品加工的废弃物和污水；人粪尿和生活废弃物。

通常我们所说的农业废弃物主要是指农作物秸秆和畜禽粪便。

农业废弃物如果任意排放，不仅会造成农村生活环境的污染，而且会污染农业水源，影响农业产品的品质，危害农业生产，传染疾病，影响居民健康。农业废弃物主要是有机物，这些废弃物如果处理得当，可以多层次合理利用，成为重要的有机肥源和其他农业生产资源，例如饲草的“过腹还田”、鸡粪处理后用作部分猪饲料、利用作物秸秆和粪便制取沼气、沼渣养蚯蚓、渣液当做肥料等，都是当今生态农业研究和推广的重要内容之一，也是让农民群众通过从农业废弃物里“淘金”(综合利用)来致富的一条重要途径。

074 为什么说农业废弃物是蕴藏着巨大财富的农业宝贵资源？

农业方面每年都会产生大量的废弃物，但是其中大部分没有得到充分利用。例如，世界上主要的农作物之一是稻谷，而在稻谷中，稻壳的重量约占25%，每年可提供1亿t；种植面积少一些的花生，全世界每年的产量约1 000万t，其中花生壳的重量约占45%。在发展中国家，农业领域的发展趋势是使农业废弃物作为能源更具有吸引力。其中包括：为了满足城市和出口市场的需要，对于稻壳进行更集中的处理，既可以制作轻质墙体材料和密度纤维板，也可以制作生物质燃料或者活性炭等。有机肥料本身通常是来自农业废弃物，从而减少了农业对有机肥料的依赖。农作物秸秆为主的农业废弃物是一类有机物，其中农作物秸秆所含的碳、氧、氢三种化学物质的总和约占95%以上，其余为钾、氮、磷、硅、钙、镁、硫等矿物质元素。据估算，全国每年产生的约7亿t各种农作物秸秆中，含氮约300万t，约相当于价值15亿多元的氮肥；含磷约64多万t，约相当于价值3亿多元的磷肥；农作物秸秆的含钾量最高，约含钾610多万t，相当于价值32亿多元的钾肥。如果1/3的秸秆被合理而高效地用作能源，则可代替6 000万t标准煤。由此可见，农业废弃物实际上是蕴藏着巨大财富的农业资源宝库，也是我国农村让村民致富的一条重要途径。

我国已成为世界上农业废弃物产出量最大的国家，其中农作物秸秆年产量达5亿t（干质量），可供青贮的茎叶等鲜料约

10亿t，锯末、刨花等林业废弃物1.6亿t，畜禽粪便排放量高达134亿t以上。随着工农业生产的迅速发展和人口的增加，这些废弃物还在以年均5%～10%的速度递增。如何利用好这些资源，是新农村建设中的一项重要内容。

目前，我国对于农业废弃物资源再利用的方式，主要有能源化、肥料化、饲料化和材料化等。

075 怎样引导和帮助村民利用农作物秸秆制成优质饲料？

我国是农业大国，农作物秸秆的资源十分丰富，稻草、小麦秸和玉米秸为三大农作物秸秆。据统计，我国农作物秸秆的年产量为7亿t左右，折合标准煤量3.53亿t，列世界之首，占全世界秸秆总量的30%左右。

农作物秸秆富含纤维素、木质素、半纤维素等非淀粉类大分子物质，作为粗饲料的营养价值极低，必须对其进行加工处理，才容易被牲畜消化吸收。目前常用的处理方法有物理法、化学法和微生物发酵法。经过物理法和化学法处理的秸秆，其适口性和营养价值都大大改善，但是仍然不能被单胃动物（例如猪、兔等）所利用。秸秆经过微生物发酵，通过微生物代谢产生的特殊酶的降解作用，将其中的纤维素、木质素、半纤维素等大分子物质分解为低分子的单糖或者低聚糖，才能够提高营养价值，提高饲料利用率、牲畜采食率、采食速度，增强口感性，增加采食量。

076 怎样引导和帮助村民利用农作物秸秆“过腹还田”变成优质的有机肥料？

农作物秸秆还田是补充和平衡土壤养分、改良土壤的有效方法，也是高产田建设的基本措施之一，对于提高资源利用率、节本增效、提高耕地的基础地力和农业的可持续发展具有重要的意义。发达国家甚至将秸秆还田作为发展有机食品的主要农业手段。

据实验测定，还田的玉米秸秆500kg相当于施用土杂肥2 500kg、碳铵11.7kg、过磷酸钙6.2kg、硫酸钾4.75kg。秸秆还田一年后，土壤中的有机质含量相对提高0.05%～0.23%，全磷平均提高0.03%，速效钾增加31.2mg/kg。土壤的容重下降0.03～0.16g/cm^3，土壤的孔隙度提高2%～4%。连续多年进行秸秆还田的耕地，不仅能够提高磷肥利用率和补充土壤钾素的不足，地力也可提高0.5～1个等级。秸秆还田后，平均增产幅度在10%以上。

国务院办公厅颁发的《关于加快推进农作物秸秆综合利用的意见》指出了我国农村推行农作物秸秆还田的方向与措施，即“大力推广秸秆快速腐熟还田、过腹还田和机械化直接还田。”农作物秸秆还田的方式有很多，例如秸秆覆盖还田、秸秆粉碎翻压还田、秸秆堆沤还田、秸秆“过腹还田”、秸秆制沼气等。目前，我国各地农村常用的秸秆“过腹还田”技术是一种效益很高的利用方式。

图 40　农作物秸秆“过腹还田”可以实现农业生产的良性循环

这种方法是把口感差、消化率低的农作物秸秆经过青贮、氨化和微贮处理之后，改善秸秆的适口性，提高营养元素的利用率，作为饲料喂饲给畜禽。农作物秸秆经过禽畜过腹后，变成了有机肥还田，从而形成了粮食—秸秆—饲料—牲畜或者家禽—有机肥料—粮食的良性循环。实践证明，秸秆“过腹还田”可以增加畜牧业的产量，促进农业生产，缓解粮食和饲料供需矛盾；同时，提高了农作物秸秆资源的利用率，既减少了农作物秸秆对于环境的污染，又使农作物秸秆首先转化为饲料使用，再经过畜禽过腹转化为更易被农作物吸收的有机肥料，可以说是"一物多用"，一举多得。

077　怎样引导和帮助村民利用农作物秸秆养殖蘑菇？

农作物秸秆与干牛粪等按照一定的比例制成"菌棒"后，接入菌种，经发酵生长出蘑菇。其过程如下：长茎秆—打捆—运输—粉碎—浸水—发酵—与麸皮、干牛粪等混合装袋—制菌棒—埋入菌种—菌棒发酵—生成菌菇—出菇。

利用农作物秸秆和牛粪等养殖蘑菇的技术性较强，村里可以请专业人员为村民上课讲授和生产指导，使村民学习和掌握其技术要领，通过一段实践之后，便能够让秸秆等农业废弃物发挥出生态致富的效能来。

078　怎样指导和帮助村民利用农作物秸秆制作固体生物质燃料？

我国农村每年直接烧掉秸秆约2.3亿t。近年来，由于粮食增产及商品能用量增加，秸秆因为燃用、贮存不便而使废弃量逐年增大，造成了农业资源浪费和环境污染。根据我国国情，我国农村在很长时期内生活用能还必须主要依靠生物能。近期解决农村能源短缺的途径，应当是在提高生物质能利用效率上下工夫，而利用农作物秸秆制作固体生物质燃料就是其中的一种重要模式。

利用农作物秸秆制作固体生物质燃料的方法比较简单：秸秆经过破碎，用挤压机或者饲料加工机械热压成型，便制成秸秆成型燃料（也称为“固体燃料”、“型柴”、“生物煤”），其密度可达 1.2 ~ 1.4g/cm^3，热值比原料略有提高，但是燃烧特性大为改善，优于薪材，相当于中质烟煤。由于成型时调整了水分及形状，更加便于使用，燃烧温度也有较大幅度的提高，而且运输贮存方便，含硫少、灰分小，可替代木柴、煤作生活及农副产品加工燃料，也可以作为生物质气化炉燃料和制炭原料。在普通炉灶上燃用至少节约一半秸秆，在专用炉灶上可节省 2/3 秸秆，热效率提高到 50%以上，这是一种在农村很有发展前途的优质燃料。

079 怎样指导和帮助村民利用农作物秸秆制作商品内墙板材？

利用农作物秸秆制作商品内墙板材，就是以玉米秸秆、麦秸、稻草等各种秸秆为原材料，利用模压设备和环保型的胶粘剂制成各种高质量的低密度、中密度和高密纤维板材制品。

秸秆板材制品具有强度高、耐腐蚀、防火阻燃、不变形、不开裂、美观大方及价格低廉等特点，还有防潮、保温、隔声、节能、防蛀的功能，价格更具有竞争性。此外，还可以利用秸秆中的纤维和木质作填充材料，以水泥、树脂为基料，压制成各种类型的轻体隔墙板。作为建筑材料，其外形美观，质轻具有较好的耐压强度。目前，已处于工厂化生产阶段的主要有以下几个类别的产品：麦秸均质板、秸秆人造板配套包装箱、秸秆人造板家具。随着森林禁伐和黏土实心砖在框架结构建筑填充中禁止使用等政策、规定的全面执行，预计我国秸秆板材的用量将会迅速增大。

080 怎样引导和帮助村民利用农作物秸秆生产可降解的包装材料？

我国利用农作物秸秆生产可降解的包装材料源远流长，早在古代就已有的“黄板纸”、“瓦楞纸”（板），就是秸秆剁碎直接在碱性物质（例如石灰水）中沤熟之后，用形成的纤维纸浆压制成厚纸板的。用“黄板纸”制成的包装箱、盒迄今仍是常见的商品包装材料。利用农作物秸秆生产包装材料，不仅可以代替木材和棉花生产高质量的人造纤维浆，还可以作为化纤制品和玻璃纸生产的替代原料，并且很容易再生利用或者在自然界中降解。

村民在利用农作物秸秆生产包装材料时，必须同时建有可以循环使用的贮水设施，使碱性浸泡水循环使用，不会外排到环境之中造成污染。

081 怎样引导和帮助村民利用农作物秸秆生产可降解的一次性餐具？

与利用农作物秸秆生产包装材料一样，利用农作物秸秆生产可降解的一次性餐具的基本工艺流程是：把秸秆切（剁）碎—置于碱性物质水溶液中（例如石灰水）—沤熟制成纤维纸浆—

放入模具中高压成型—烘干—杀菌消毒。即秸秆可代替木材生产高质量的人造纤维，该技术亦可广泛应用于一次性包装袋、一次性卫生餐具的生产。特别是利用秸秆纤维生产的快餐饭盒保温隔热效果好，制造工艺简单可靠，生产成本低，产品附加值高，使用后可自然生物降解，无毒无害，还能用作饲料和肥料，不产生任何环境污染，可望成为塑料材质制成的快餐盒的理想替代产品。值得注意的是，农作物秸秆生产可降解的一次性餐具时，必须注意成品的杀菌消毒，达到国家规定的卫生标准之后才能够供应市场。

082 怎样引导和帮助村民利用牛粪养殖蘑菇？

牛粪中含有的草籽会让庄稼地里生出大量的杂草，所以种植户一般都不用牛粪作为肥料种地。如何处理和利用这些牛粪，保护农村环境，发展循环经济就成了亟待解决的一个难题。目前比较可行的最佳利用途径，就是用来养殖蘑菇、蚯蚓，或者制取沼气、养鱼。

图 41　农作物秸秆、牛粪可以用来养殖蘑菇

牛粪养殖蘑菇，就是利用牛粪进行食用菌栽培，即把牛粪和适量的农作物秸秆碎段等掺混在一起，制成“发酵菌棒”，再植入菌种，在“菌棒”上长出蘑菇进行采摘。用牛粪做原料，可以进行 40 多种食用菌的栽培，料堆在发酵过程中的高温能够杀死牛粪中的草籽，蘑菇产出后的废弃“菌棒”还田（特别是还水田）则又是不可多得的有机肥料。试验示范证明，用牛粪做原料生产出的食用菌吃起来口感好，质量明显提高，菌棒成功出菇率也明显提高，达到 98% 以上。与原来传统的用麦麸、豆粕、玉米面为原料比较，平均每个菌棒的生产成本降低了 40% 左右，提高产量在 50% 以上，经济效益十分可观。

083　怎样引导和帮助村民利用牛粪和农作物秸秆养殖蚯蚓？

用牛粪和农作物秸秆养蚯蚓的方法，是将新鲜牛粪与农作物秸秆碎段掺混在一起用于养蚯蚓。利用新鲜牛粪和农作物秸秆为原料养殖蚯蚓，既解决了规模养牛场的牛粪处理问题，减少了对于周围环境的污染，而且还能获得经济价值很高的蚯蚓和无臭、清洁的天然高效有机肥，实现了牛粪的再生利用，降低了养牛场处理粪便的成本，大大提高了规模化养牛业的经济效益。这项技术有以下特点：

投资小，无风险　用这种办法处理秸秆，不需要建厂房，也不用购置设备，不必占用大量的土地晾晒秸秆，只要在家庭庭院，村边地头或者树下寻一块闲散场地堆放秸秆即可进行。

方法简单，容易操作　秸秆不用粉碎，也不管干湿或者发不发霉，只要将秸秆堆好后洒上水，即可放入用于处理秸秆的蚯蚓种苗。

投资少，回报丰厚　购 500g 蚯蚓种苗，一年可将 3 亩地所产的作物秸秆转化成近百斤营养价值高的蚯蚓鲜体，而且还产 600kg 的蚯蚓粪便。蚯蚓粪便又被称为“有机肥之王”，蚯蚓粪便投入农田生产绿色食品及有机食品、种植花卉等，均会得到较为丰厚的回报。

消除污染　蚯蚓有从上层向下层吃食的习惯。种苗投入秸秆堆后，秸秆堆的上层首先形成一层蚯蚓粪便。这些粪便具有比活性炭还强的除臭功能，能够吸附转化秸秆堆放后产生的有害气体，防止了这些气体对于环境的污染。

084 怎样引导和帮助村民利用农作物秸秆和畜禽粪便制取沼气？

人工制取沼气利用的主要原料是畜禽粪便污水，以及食品加工业、制药和化工废水，生活污水等。在农村，主要用畜禽粪便和农作物秸秆制取沼气，即引导和帮助农户建造户用沼气池（有条件的村里或者规模化畜禽养殖场可以建造较大规模的沼气化工程），把切碎的农作物秸秆及畜禽粪便引入沼气池内，通过厌氧消化技术，可以把农作物秸秆（稻草、麦秸、玉米秸等）和畜禽粪便（猪、鸡、牛粪等）转化成沼气，同时生产出沼渣、沼液等优质有机肥料。沼气可用作农户或者养殖场自身的炊事、照明和供热等；对于大型的沼气工程，还可以用来发电。产生的沼渣、沼液作为有机肥料，可用于替代化肥，生产有机食品及绿色食品，改善土壤的性能。

085 怎样引导和帮助村民利用沼渣养殖蘑菇？

利用农作物秸秆和畜禽粪便制取沼气使用后，沼渣除了可以作为优质的有机肥料之外，还可以用来养殖蘑菇。其主要的工艺流程如下：

一、沼渣准备

将沼渣出池沥干，趁天晴摊薄、曝晒，去除未腐熟的长、残渣。曝晒时间以手紧捏沼渣，指缝有水而不下滴为宜。处理后的沼渣按其重量加入1%的熟石膏粉、1%磷酸钙及0.5%尿素备用。

二、菇房及床架准备

菇房一般可选用有对开门窗的空房。菇床可用竹、木、铁条搭成多层架，第一层距地面不低于25cm，以上各层相距60cm，并且用秸秆、树枝铺平。菇房用20倍福尔马林溶液熏蒸，或者50倍液喷洒，也可用50倍的石硫合剂全面喷洒墙壁、地面和菇床，并且关闭菇房1～2天。然后将沼渣平铺在菇床上，保持自然疏松，每层的厚度为12～14cm。

三、播入菌种

选择纯净的菌种，按照10cm×10cm的间距，用手指均匀打2cm深的播种穴，将菌种掏出来，按照每穴拇指大小一块放入，随手盖一薄层培养料，以利于菌丝生长。播种后，把料面整平，并且稍拍一下，让培养料和菌种接触紧密(但是不能用力拍实，以免密不透气)。用清水浸湿的干净报纸覆盖，关好门窗。保持房内温度在30℃以下，空气湿度60%～70%，以利于菌丝早日定植。

四、覆土前的管理

从播入菌种到覆土约需20天，这段时间主要是促使菌丝生长，管理重点是防高温，尽量使室温维持在22～25℃，湿度65%。播种后的10天内，每天需揭动报纸1～2次，以通风换气。10天后可揭去报纸，早晚开门窗，并且逐步加通风次数，注意防菌。

五、覆土

覆土就是在长满菌丝的料面上覆盖一层土粒。覆土的土质最好选用水田犁底层以下略带沙性的土壤，或者池塘底层的泥土。覆土时，先覆大粒（直径2～3cm），做到料面不外露，土粒不重叠。然后覆盖小粒（如蚕豆般大小）。土粒含水量

20% 左右，pH 7.0 ~ 8.0 为宜。如果过酸，可用浓度为 0.5% 的石灰水喷雾调节。

六、出菇前的管理

覆土后如果温度、湿度及通风条件适宜，约 20 天即可出菇。覆土后的 2 ~ 3 天内，每天轻喷水 2 ~ 3 次；10 ~ 15 天内，早晚各喷水 1 ~ 2 次，并且注意通风，适当降低空气湿度，使土粒的表面略显干燥，以促进绒毛状的菌丝在土粒间横向生长，为出菇打下良好的基础。覆土 15 天前后，即可见菌蕾。这时要喷“出菇水”，每天 1 次，水量略有增加，连续 2 ~ 3 天，使土湿润，达到手捏感到黏手的程度。每喷 1 次出菇水，菇房就要大通风 1 次。7 天左右，蘑菇的子实体可长到黄豆大小，连续 2 天各喷 1 次水（但是不能让水渗到培养料的表层），增加土粒湿度，让小菇及时得到足够水分，迅速膨大。

086 在位于城镇近郊的农村里，怎样引导和帮助村民利用城镇生活垃圾场养殖蚯蚓？

利用蚯蚓来处理城市的生活垃圾、工业污泥、废水、园林中的落叶及落果、农村中的秸秆和厩肥及沼气池废渣等有机物，是一种有效处理城市生活垃圾和农业废弃物的方法。尤其是对于我国南方酸性土壤和北方盐碱、沙滩地等，也可以用蚯蚓养殖综合治理，还可以降低蚯蚓的养殖成本。有些地区把养蘑菇、养蜗牛、养牛业等结合起来进行蚯蚓养殖，可以形成物质的良性循环，实现生态致富。

图 42　利用城市生活垃圾及作物秸秆、牛粪来养蚯蚓，是一条生态致富的好门路

蚯蚓养殖与其他养殖一样，应当因地制宜，科学地积极稳妥地去发展，切莫盲目，更重要的是必须根据市场需求进行养殖。我国疆域辽阔，气候、土壤情况条件多样，生态环境复杂，蚯蚓种类繁多、数量丰富。各地应当选择适宜于当地气候、土壤及被处理的废弃物成分的蚯蚓资源，为蚯蚓资源的开发和利用提供科学的依据，也为引种、选育和杂交育种等奠定基础，并且还要做好蚯蚓资源的保护和持续利用工作，保护蚯蚓的多样性。各地农村首先应当充分利用本地的蚯蚓资源，切莫盲目引种。

养殖蚯蚓在我国还是一项新兴的产业，各地应当因地制宜，积极稳妥地根据市场的需求，科学地去发展，切莫一哄而起、一哄而散。

087　怎样引导和帮助村民利用竹木废弃物和农作物秸秆烧制生物活性炭？

利用竹木废弃物和农作物秸秆烧制生物活性炭，就是将包括农作物秸秆、林木采伐剩余物和林业加工剩余物、人畜粪便及城市生活垃圾等生物质，先经过常温干燥、粉碎、过筛分离，加水搅拌，然后用冷压成型机压缩成直径为 6 ～ 10cm、长度为 10 ～ 12cm 的高密度颗粒，即制成固体生物质燃料。然后把制得的固体生物质燃料放入专门砌建的木炭窑里进行焖烧，即可以获得生物炭。用这种方法加工的生物炭工艺简单、成本低廉、储运方便，其品质与传统的利用木材枝干、竹子烧制的活性炭（也称为木炭、竹炭）相仿。既可以作为高附加值的吸附材料销售，也可以作为与木炭一样的无烟燃料销售与使用。但是由于其价格低廉，因而更具有市场竞争力。

088　在桑蚕养殖地区的农村里，怎样引导和帮助村民利用蚕沙、桑叶梗等制成优质饲料？

"蚕沙"是我国中医药学对于蚕的粪便的称谓。在桑蚕养殖地区的农村里，利用蚕沙、桑叶梗作为优质饲料是我国农村的一种传统做法。如今在一些农村推广的"鱼—桑—鸡"生态农业生产模式，就是在池塘内养鱼，池塘的四周种植桑树，在桑园内养鸡。鱼池的淤泥及鸡粪用作桑树的肥料，蚕蛹及桑叶喂鸡，蚕粪和鸡粪喂鱼，使桑、鱼、鸡形成良好的生态循环。

据测定，蚕沙中含有机物83%～90%，总氮量为1.9%～3.6%。此外，蚕沙还含有植物醇0.25%～0.29%以及β－谷甾醇、胆甾醇、麦角甾醇和廿四醇、蛇麻脂醇与亮氨酸、组氨酸等13种游离氨基酸、胡萝卜素等。我国农村对于蚕沙和桑叶梗的综合利用，主要是作为鱼饲料用来养鱼，以降低养鱼、养蚕的成本提高经济效益。

但是，由于蚕粪的“火气大”，不能将刚收集的蚕粪马上用来喂鱼。通常是将分离后的蚕粪放进水泥池或者缸内，加入适量的发酵剂，加水并且加盖密封浸泡，一般经过3～4天充分发酵后，即可泼撒入养殖池。用蚕沙作为鱼饲料喂饲时还要注意以下几项：

施用量要适中 蚕粪施作池塘基肥最好，每亩用量300～400kg。若将发酵后的蚕粪作为追肥，施用量可占鱼的月投饵量的1/3左右，过量则会影响蚕粪的利用效果，鱼类容易泛塘；过少则鱼类营养缺乏，生长受到抑制，影响养殖群体产量，从而影响经济效益。

投放“试水鱼” 腐烂发酵的蚕粪施入养殖池2～3天后，池水呈酱红色，硅藻等鱼类易消化吸收的藻类大量繁殖增生，对于用蚕粪养鱼经验不足的养殖户来说，这时在投入鱼种时，首先应放“试水鱼”采检验水质，然后方可放鱼入池。试验表明，每500kg桑叶用来喂蚕，蚕粪喂鱼，可增加鱼产量25kg。如果在桑园内养20只鸡，年产鸡粪1 200kg，相当于给桑园施用氮肥18kg、磷肥17.5kg。在整个循环系统里所有的废弃物都得到充分的“再循环”利用。

089 在坡度大于25°的山坡地多的农村里，怎样引导和帮助村民大力植树种草和种植中草药等特种经济作物？

国家规定，在坡度大于25°的山坡地上禁止开垦作为农田。在我国丘陵地区的农村如何利用这些坡度大于25°的山坡地来让村民致富，可行的措施之一，就是引导和帮助村民大力植树造林和种草，并且在林间种植中草药、食用菌等经济作物，既可以防止水土流失，又可以形成立体生态农业致富。

图43 在坡度大于25°的山坡地可以种树、种草、种植中草药等经济作物

在坡度大于25°的山坡地上植树种草和种植中草药、食用菌等特种经济作物时，应当注意以下几点：

一、要先采取防治水土流失的措施

例如，可以依据山坡的地势，把坡地改造成梯田，或者挖“鱼鳞坑”种树植草。待树木长成或者草皮基本覆盖固着在坡面上之后，再在林间种植中草药等经济作物，让林荫和林间潮润的小气候环境为中草药等经济作物的生长创造适宜的小生态环境。利用大多数药用植物喜阴怕晒的生长特性，让林木或果树为其提供遮阴和潮润的生态小环境，达到互利共生的目的。

二、要选择适宜的中草药等品种

种植中草药等经济作物一定要因地制宜，即必须结合当地的气候条件、坡地的土壤环境等因素，在专业技术人员的指导下，选择适于生长、市场对路的品种栽植。要合理地根据药材生长习性和市场需求，套种一些生长周期较短、喜湿、耐阴、怕晒的草本、灌木和菌类药材。例如“在速生杨树林中种甘草”、“幼龄林果套种生地”、“成龄林果套种半夏”等，都是较成熟的栽培套种模式。

根据目前中药材市场需求，适合于林果间套种的中药材品种还有丹参、太子参、西洋参、柴胡、紫菀等。林、药之间交叉种植能够充分利用土地、光能、空气、水肥和热量等自然资源，发挥边际效应和植物之间的互利作用，以达到林、药双丰收的目的。

090 在坡度大于25°的山坡地多的农村里，怎样引导和帮助村民大力植树种草和放养家禽？

在坡度大于25°的山坡地上通过水土整治和植树造林、种草之后，待树木长成或者草皮基本覆盖固着在坡面上，可以有选择地在林间放养家禽和特种经济禽鸟，例如山鸡等。在幼树林中不宜放养牲畜，尤其是不要放养山羊，避免其啃食幼树的枝叶和树皮，危害树木的生长。而土鸡或者鹅喜欢吃野虫野草，吃掉一些林木上的虫子，减少林木病害，鸡、鹅粪还能够肥沃树木，从而可以达到互生共利的效果。

091 怎样引导和帮助林区的村民充分利用野藤等制作适销对路的藤制家具等生活用品？

林地山区盛产野藤，我国不少农村自古以来就有把野藤等攀援植物的茎秆和藤皮制成生活器皿的传统。由于藤制品的原料来源于环境污染少的深山老林之中，在制作藤制品时不使用有污染的化学物质浸泡加工，属于全天然的产品，因而在近年来“回归自然”的消费潮中，藤制家具等生活用品备受大中城市消费者的青睐，藤制品的价格也一路攀升，甚至远远超过了普通原木制成的实木家具的价格，成为山区村民开发本地自然资源致富的一条好门路。

村里在引导村民开发藤制家具等生活用品生产的时候，应当注意以下几点：

一、要保护好当地的自然生态资源

尽管野藤属于可再生资源，但是能够制作藤制品的野藤往往需要生长几十年甚至更长的时间。一些地方为了开发藤制品而不惜竭泽而渔，使当地的野藤资源很快便消耗殆尽。因此，村里要制定合理的开发规划，教育村民保护好赖以致富的自然生态资源。

图 44 造型美观、价格不菲的优质藤制家具等生活用品

二、组织制作高附加值的藤制家具等生活用品

如果把自然资源有限的野藤用来制作普通的生活器皿，则销售价格肯定不高，村民难以获得较好的经济收益。村里应当与工艺美术院校、工艺品公司建立合作伙伴关系，请他们派出专家进行指导，组织村民利用野藤制作造型美观、具有高附加值的藤制家具等生活用品。

092 怎样引导和帮助村民进行稻田养鸭、养鱼获得更多的收益？

“稻鸭(鱼)共作系统”是以稻田为条件，以种稻为中心，以在田间网养家鸭(或者养鱼)为纽带的人工生态工程系统。水稻田则因地方特征而定，可以是双季稻区，也可以是单季稻区。各地由于季节和稻作制度的不同，稻鸭(鱼)共作的具体模式也各有所长，但是技术规程基本一致。

稻田养鸭 在放入鸭子的稻田里，因为鸭嘴在不断啄食泥土时经常搅动水稻根系，对于水稻产生刺激，水稻生理活动加强，抗害能力也相应提高，使植株坚硬，减少了无效分蘖，通风透光条件得到了改善，使水稻病害例如瘟叶枯、纹枯病、稻瘟病、稻曲病的发生减轻，从而达到不用化学农药就可防治虫害的效果。鸭子用嘴或者爪不断地翻动上下的泥土，使养鸭的稻田水连续两个月保持泥沙状态，不断搅动泥水促进了微生物活动和有机物分解，使水稻有效地吸收土中的养分而促进了水稻生长。鸭子在水田中搅水也抑制了杂草的发芽，连牛粪分解发酵后产生沼气的危害，也会因泥水的搅动而逐渐消失；泥水还促使夜间水温上升，从而产生保温效果；不断的搅动把水田的死水变成活水，增加了水中的氧气。此外，鸭子排出的粪便是水稻生长难得的养分。因此，稻田养鸭的地块水稻长势旺盛。

稻田养鱼 这种我国流传迄今的古老养殖方法，是利用稻田不深的水体，把种稻与养鱼相结合，充分发挥稻和鱼的互利作用，实现鱼、稻双丰收。稻田是一个综合的生态体系，以稻为中心与它共生的有昆虫、杂草、敌害生物等。在水稻种植过程中，人们要向稻田施肥、灌水等进行生产管理，但是稻田里许多营养成分却被与水稻共生的动植物等猎取，造成水、肥的浪费。在稻田生态体系中放进鱼之后，因为鱼几乎可以食掉在稻田中消耗养分的所有生物群落，从而起到生态体系的“截流”作用。这样便减少了稻田肥分的损失和敌害的侵蚀，促进水稻生长，又将废物转换成有经济价值的食鱼。实践证明，稻田养鱼可以使水稻增产 5%，每亩增产 25 ~ 30kg。

093 在位于煤矿区附近的农村里，怎样引导和帮助村民利用煤矸石制取商品复合土壤改良肥料？

在位于煤矿区附近的农村里，可以引导和帮助村民利用煤矸石制取商品复合土壤改良肥料。其原料主要包括煤矸石、氢氧化钠、废旧聚氨基甲酸乙酯（泡沫塑料）、磷酸、氯化钾、尿素等。泡沫塑料经过软化分裂成颗粒，将泡沫塑料颗粒、粉碎的煤矸石与氢氧化钠进行中和反应后的物料以及氯化钾、尿素依次加入搅拌机，搅拌吸附后制成的颗粒送入转炉烘干，即制得商品复合土壤改良肥料。这种肥料广泛适应于砂浆黑土、沙质土、白浆土等的改良，具有改良和培肥地力的双重作用。

094　在矿山附近的农村里，怎样引导和帮助村民利用矿山尾矿渣制成商品免烧砖等墙体和地面建筑材料？

矿山在开采过程中所产生的尾矿渣，是一大类工业固体废弃物。例如，铅锌矿在复选后，留下数量巨大的尾矿废渣，既给选矿产业投巨资建尾矿库增加了生产成本，又为生态保护、环境治理带来矛盾和压力。矿山附近的农村可以在采矿企业的扶植和支持下，将尾矿废渣科学有效地利用来生产水泥；或者同时在水泥建材产业的新技术、新工艺、新设备的研究开发应用方面，实现产业升级和产品升值，利用尾矿渣生产免烧砖等墙体和地面建筑材料，使矿山废弃物资源得到合理利用、科学开发、互相促进、循环发展，达到物质、能量利用的最大化，废弃物排放最小化的目标。特别是用工业矿山废渣、灰岩石渣等原料替代泥土而制作的免烧页岩砖，既有效地保护了耕地，节约了能源，又实现了建材产业的可持续发展。

利用尾矿渣生产免烧砖等墙体和地面建筑材料，主要是建造免烧（蒸汽）窑，添置粉碎设备和挤压成型设备。把尾矿废渣进行粉碎之后，按照一定的配方和比例，添加能够使矿渣凝固成型的化学物质（例如石膏、石灰、合成树脂等凝固剂），倒入模具中或者使用挤压机械挤压成型，进行蒸烤或者自然风干，就获得免烧砖等墙体和地面建筑材料，供应建筑单位砌墙和铺砌城镇街道的人行道路面。

095 在地方文化特色浓郁的农村里，怎样引导和帮助村民利用农作物秸秆制作适销对路的麦（稻）秸画等工艺品？

利用农作物秸秆（麦秸、稻草、玉米苞皮等）制作麦秸画、编织工艺品等，是使村民利用农业废弃物致富的好门路。在地方文化特色浓郁的农村里，村里可以与工艺美术院校、工艺品公司建立合作伙伴关系，请他们派出专家进行指导，组织村民利用农作物秸秆（麦秸、稻草、玉米苞皮等）制作造型美观、具有高附加值的麦秸画、编织工艺品等手工艺产品，帮助村民致富。

图 45　造型美观的麦秸画颇受城市消费者的喜爱

096 怎样引导和帮助村民利用农作物秸秆制作适销对路的草编工艺品？

农作物秸秆（麦秸、稻草、玉米苞皮等）用于编织业最常见、用途最广的就是稻草编织草帘、草苫、草席、草垫、草篮等。例如草帘、草苫等可用于蔬菜工程的温室大棚中，冬天能保暖，夏天能遮阳。由于农作物秸秆（麦秸、稻草、玉米苞皮等）来源丰富，草制品加工技术简单易学，将稻草编织成草帘、草苫，既可增加农民收入，又提供了一条资源化利用秸秆的有效途径。以江苏省赣榆县为例，每年仅稻草编织一项就可消化稻草 150 万 t，创值 4 亿多元，获利 6 000 余万元，并且可安置 2 万多农村妇女就业。

小麦秸、玉米苞皮等也是农村地区草编业的重要原料。我国的草编制品的品种花色繁多，包括草帽、草篮、草垫、草毡、壁挂及其他多种工艺品和装饰品，由于这些草制品具有工艺精巧、透气保暖性好、装饰性强等优点，深受国内外消费者的喜爱，因而已经成为一条效益很好的创汇渠道。据调查，仅此一项就可使每亩增收 100 ~ 200 元，相当于每亩多产 30kg 小麦或者 40kg 玉米。

另外，将稻草等作物秸秆编成草席、草垫，既有利于防风防雨、保温防冻，又具有吸汗防湿的功效，这些技术在广大农村已经广为应用。

097 怎样引导和帮助村民利用竹子制作适销对路的竹制工艺品和独具特色的生活用品？

我国南方丘陵山区盛产竹子，竹制品是这些地区的农村传统的手工艺品。过去，竹制品的制作较为粗糙，尤其是毛竹制品多以造型简单的竹椅、竹床、竹桌以及竹篓、竹箩等和建筑工地上的竹板脚手架为主，其附加值不高，竹农只能聊以补贴家用，并没有真正形成竹制工艺品产业和竹农依托本地竹资源致富的主渠道。

图 46　琳琅满目的高附加值的竹制工艺品

近年来，竹制工艺品和独具特色的生活用具同藤制家具等生活用品一样，也已经成为城市消费者喜爱的物件。因此，在盛产竹子的村里，一方面应当与工艺美术院校、工艺品公司建立合作伙伴关系，请他们派出专家进行指导，组织村民利用当地竹资源制作造型美观、具有高附加值的竹制工艺品和独具特色的生活用具；另一方面要帮助村民与外贸公司等联系，争取建立稳定的产销关系，以销定产。

098 怎样引导和帮助村民综合利用农副产品加工的下脚料？

农产品加工业不仅是农业的延伸和继续，而且已经成为一项重要的产业。大量实践证明，农产品加工业是比传统农业规模更大、效益更高、贡献更多的产业，也是广大发展中国家在工业化初期和中期优先发展的领域。但是，农产品加工业的废弃物（俗称为“下脚料”）如果处理不当，则很容易造成农业生态环境的污染。

图 47 农副产品加工废弃物可以变废为宝

农副产品加工废弃物主要包括屠宰废水、豆制品厂污水、奶制品厂污水、方便面等副食品加工厂污水、皮壳、饼粕、酒糟、甜菜渣、蔗渣、废糖蜜、食品工业下脚料、禽畜制品下脚料、蔗叶及各种树叶、锯末、木屑等。我国目前的农副产品加工水平普遍较低，精深加工差距大。例如，发达国家农副产品的二次加工率在 80% 以上，我国却不到 20%。据测算，价值 1 元的初级产品，经过加工处理后，在美国可增值 3.72 元，日本可增值 2.2 元，我国却只有 0.38 ~ 1 元。欧美玉米深加工产品达到 3 000 多个品种，我国只有 20 多种；发达国家对于稻谷深加工的产品达 100 多种，我国却不到 10 种。又如，美国能够利用废弃的柑橘榨取 32% 的食用油和 44% 的蛋白质，从果皮中提取果胶质或者柠檬酸。欧美农副产品加工企业新产品销售额占总销售额的 30% 左右。因此，通过大力发展农产品加工废弃物的综合利用，延伸农业产业链，可以提高农业的整体效益。

目前，在我国农村比较常见和可行的农产品加工业的废弃物（俗称为“下脚料”）的综合利用方式有以下几种值得推荐。

直接制作优质有机肥料　农产品加工业的废弃物都含有丰富的有机质，是制作优质有机肥料的好原料。通过沼气发酵、堆沤等常规方式，都可以将其变成优质有机肥料。

制作优质有机饲料　利用农产品加工业废弃物中丰富的粗蛋白质，经过加工之后，可以制成蛋白质含量很高的畜禽饲料和鱼饲料。

农产品加工废弃物综合利用的典型模式主要有以下几种。

一、用秸秆生产食用菌所产生的废渣综合利用

1．用生物酶，将菌渣中的蛋白质转化成生物饲料；

2．将菌渣加上饲养牲畜产生的粪便等进入沼气池转化为沼气清洁能源，这一部分可以转化菌渣10%以上；

3．不能够转化为生物饲料的菌糠（渣）等，则送入生态有机肥厂处理，生产出高效、优质、廉价、无公害的肥料用于农业生产，这部分可转化菌渣30%以上；

4．剩下的糠渣通过堆沤等处理，将其腐熟后直接施入果园。

二、水产品加工废弃物的综合利用

1．利用鱼类加工废弃物生产鱼油和鱼粉　鱼油主要用于提炼鱼肝油，也可代替矿物质油作为皮革制剂等；鱼粉主要用作高蛋白饲料。一般每吨鱼加工的下脚料，可生产鱼油30kg，优质鱼粉200kg以上。

2．鱼皮制革　鱼皮作为一种重要的皮革原料，正在逐步被人们所重视。鱼皮革制成的皮鞋、手套、皮包、皮夹等物品很受消费者青睐，出口创汇率极高。

3．蚌壳加工珍珠层粉和贝壳粉　珍珠层粉广泛应用于医药、化妆品制造；富含钙质的贝壳粉也是饲料加工不可缺少的原料。

4．利用鱼骨加工骨粉　骨粉主要用作饲料添加剂。其加工方法是：将鱼骨头放入锅中连续煮数小时，待骨头的脂肪全部煮出来以后捞出烘干，经过粉碎过筛即成。

5．从鱼肠中提取蛋白酶　这种酶主要存在于鱼体内的消化酶中，起到加速化学反应的生物催化作用，可广泛用于制造清

洁剂、清除色斑和污垢，还可以应用在食品加工业和生物研究中。

6. 用鱼鳞加工“鱼银” “鱼银”是从鱼鳞中提取的一种价格昂贵的特殊工业用品，外观呈纯银白色，具有亮度光泽，除了用作药物原料和生化剂外，特别在珍珠装饰业和油漆制造业中具有广泛的用途。处理后的鱼鳞片还可以用来加工鱼粉，经济效益十分可观。

7. 用虾头、蟹壳生产加工甲壳素 甲壳素的用途极为广泛，制成药物有强化免疫的功能，制成手术缝合线不必拆线，还可以作为废水处理剂、食品保鲜剂、卷烟粘合剂、植物生长调节剂等。

三、利用副食品加工废弃物谷糠、麸皮等原料，生产酶制剂、纤维素等高新技术产品，应用于果汁、饲料生产

四、酿造糟渣的综合利用模式

我国的糟渣资源丰富，种类多、数量大。仅酿造、调味品、味精、淀粉、白酒、黄酒、淀粉糖、生物农药、果品加工工业，每年可生产糟渣约 6 000 万 t，是一种可利用的宝贵再生资源。利用糟渣发酵制成蛋白饲料的蛋白质丰富、氨基酸配比合理，具有酵母的特殊香味，并且富含酶、维生素 C、B_2 和多种常量及微量元素，营养丰富，适口性好，而且其价格同鱼粉相比有竞争优势，其质量优于相同菌株深层发酵的酵母粉。糟渣蛋白饲料产业化是农副产品加工链中不可缺少的一个重要环节。

099 “村官”在引导和帮助村民通过农业废弃物开发利用的过程中应当充当好哪些“角色”？

在引导和帮助村民通过农业废弃物开发利用的致富过程中，各地的“村官”们应当积极主动地充当好以下“角色”：

组织者 村干部们应当是扶植村民生态致富的组织者，村里要发挥村委会的组织功能。例如，由村委会出面，邀请专家进村，开办农业技术夜校、田间地头现场指导和观摩交流，帮助村民解决生态致富的技术难题。在村里的生态致富模式形成一定规模之后，及时地组织村民朝着集约化的方向发展，走共同富裕的道路。也可以由村里出面，组建生态农业合作社、规模化畜禽养殖场及农业废弃物综合加工厂等，并且以村为单位，与销售公司（集团）建立稳定的产供销合作伙伴关系。尤其是在有机农业和绿色食品生产开发时，更要由村里统一组织生产和认证。

扶植者 例如，对于刚刚走上生态致富道路的村民农户，可以由村委会出面提供必要的担保，帮助村民向银行借贷小额生产资金等。

监督者 生态致富的成果，一方面是要让村民通过发展生态农业来致富，另一方面则是要通过发展生态农业来保护和恢复良好的农业生态环境。这就需要由村委会和村干部出面，组织村民通过讨论制定村规民约，制止破坏与损害生态环境的行为。尤其是在村里兴办利用废弃物加工农产品的生产企业时，要监督落实国家保护农业生态环境的法律法规，坚决杜绝“富了一个厂，害了全村人”的污染危害发生。

100 引导和帮助村民利用农业废弃物办加工企业时必须注意哪些问题？

村里兴办农业废弃物加工企业，与兴办其他农村工业企业一样，都是要在保证村民通过农产品加工废弃物的综合利用来致富的愿望和基础上，以不破坏与污染生态环境并且使村里的农业生态环境逐步获得恢复和改善为前提，引导和教育村民自觉地遵守国家保护和改善农业生态环境的法律法规。必须全面科学规划，合理布局，集中管理和治理；坚持进行环境影响评价和“三同时”制度。在农产品加工废弃物的综合利用中凡是可能会产生污染的项目，都必须建设与完善配套的污染防治设施，并且积极开发推广企业的污染治理技术和管理策略，推广清洁生产工艺，倡导循环经济。使这类企业在减少农业废弃物污染并且获得可观经济收益的同时，不会对村里的生态环境造成新的污染和破坏。

与此同时，由于利用农业废弃物办加工企业大多需要一定的投资，而且由于是新开发的产品，因而市场风险相对较大，村里要帮助村民开展市场调查、开拓市场销售渠道，从而让村民真正能够通过兴办农业废弃物加工企业致富。